上海市教育委員會重點科研項目

上海市教委重點學科建設項目（J五〇四〇五）

上海師範大學古籍整理研究所編
主編　朱易安　傅璇琮　周常林　戴建國（常務）

全宋筆記

第四編

二

大象出版社

目録

⊙王觀國撰

學林（下）

徐時儀　鄭曉霞　整理

目録

卷七

柳子厚非國語

《國語》曰，宣王不籍千畝，富辰諫。柳子厚非曰：「古之必籍千畝者，禮之飾也。」「未若時使而不奪其力，節用而不殫其財，通其有無，和其鄉閭，則食固人之大急，不勸而勸矣。」觀國按：禮，天子親耕以共粢盛，王后親蠶以共祭服。粢盛、衣服皆備，然後可以享宗廟。蓋王者身致其誠，以盡孝道，舉此以率天下，皆知勸于耕，勸于蠶。其意若曰思天下匹夫匹婦有惰于耕而受其飢者，有惰于蠶而受其寒者，今我以天子之尊且不敢忘耕事也，我親率之，冀天下皆知勸于耕，而民無受其飢者矣；以王后之尊且不敢忘蠶事也，我親率之，冀天下皆知勸于蠶，而民無受其寒者矣，亦猶聖人躬儉以率天下也。聖人豈能必天下之不爲侈靡哉？吾示之以儉，則天下觀而化，庶幾侈靡之習可革也。然則王者親耕籍，實爲政之大者。至于時使而不奪其力，節用而不殫其財，通其有無，和其鄉閭，此亦爲政之不可缺者，豈爲耕籍而遂廢之哉！若夫不能時使而奪民之力，不能節用而殫民之財，以至有無之不通，鄉閭之不和，是人君失政治之道，非籍千畝之過也。若曰籍千畝者，徒舉也，非實惠也，則向所謂躬儉者，亦徒舉耶？

《國語》曰：「穀、洛鬬，將毀王宮，王欲壅之，太子晉諫。」云云。柳子厚非曰：「壅之誠是也，彼小子之譊譊者，又足記耶？」觀國按：太子晉諫語文而辨，實可嘉。秦、漢以來文士未能多過，非譊譊之徒也。

《國語》曰，三川震，伯陽父曰：「周將亡矣。」柳子厚非曰：「山川者，特天地之物也，陰陽遊乎其間者也，自動自休，自峙自流，是惡乎與我謀？自鬬自竭，自崩自缺，是惡乎爲我設？」觀國竊謂天地之有山川，猶人之有支體血氣也。天地陰陽之氣不和，則有山崩水竭之災，一人之身陰陽之氣不和，則變而爲疾。聖人與天地同體，懼陰陽之氣不和則爲災、爲疾。夫爲災、爲疾者，變也，故《春秋》書沙鹿崩、梁山崩者，記變也。《左氏傳》曰：「國主山川，故山崩川竭，君爲之不舉。降服，乘縵，徹樂，出次，祝幣，史辭，以禮焉。」三川震，伯陽父曰「周將亡矣」，意謂王者不能修德以召和，而變見焉，則國有亡之道也。

《國語》曰，景王將鑄大錢，單穆公不可云云。「可後而先之，謂之召災。」柳子厚非曰：「病大錢者，吾不知周之時何如哉。其曰『召災』，則未之聞也。」觀國按：單穆公云可後之者，其必時未宜用大錢也；先之而召災者，其必時未宜用而亟用之，則法有不當于民之心者也。法不當于民之心，則亂之招也，豈惟災而已耶？

傷焉。

《國語》曰：「獻公卜伐驪戎。」柳子厚非曰，卜者，聖人用以歐陋民也，非常用而取信焉。雖勿用之、勿信之可也。觀國按：聖人于卜筮，有所謂通天下之志，成天下之務，定天下之業，斷天下之疑者，其妙至于窮神知化，非但歐陋民而已也。

《國語》曰：「獻公問于卜偃曰：『攻虢何月也？』對曰：『童謡有之。』」柳子厚非曰：「童謡無足取者，君子不道也。」觀國按：《詩》、《書》有曰「古人有言」，有曰「夏諺」，有曰「周諺」，此皆與童謡一體，蓋皆君子之言也，特假曰古人，曰夏諺，曰周諺，曰童謡耳。故《詩》三百率多婦人女子、小夫賤者之所爲。苟其言有理而不悖于道，雖童謡何傷焉。

《國語》曰：「晉饑，公問于箕鄭曰：『救饑何以？』對曰：『信。』」柳子厚非曰：「信，政之常，不可須臾去也，聖人獨救饑也耶？其言則遠矣。」觀國按：箕鄭所對蓋出于孔子。所謂自古皆有死，民無信不立，乃推本而言之也。以謂晉君苟信素著于民，則饑不足患耳。若曰發廪以濟之，告糴于隣國，此有司之常典，非所以答晉君之問也。

《國語》曰：「平公説新聲，師曠曰：『公室其將卑乎！』」柳子厚非曰：「耳之于聲也，猶口之于味也，苟説新味，亦將卑乎？」觀國按：聲音與政通，故《詩》有所謂治世之音、亂世之音、亡國之音，以其雅、鄭異也。正聲雅而鄭聲淫，治世之音正聲也，亂世亡國之音淫聲也。平公説新聲者，捨正聲而説淫聲，則將溺于亂世亡國之音，而政其頽矣。師曠，知音者也，因以發諷曰：「公室其將卑乎？」《禮》曰：「凡姦聲感人，而逆氣應之。逆氣成象，而淫樂興焉；正聲感人，而順氣應之。順氣成象，而和樂興焉。」「魏文侯問于子夏曰：『吾端冕而聽古樂則惟恐臥，聽鄭、衛之音則不知倦。敢問古樂之如彼何也？新樂之如此何也？』子夏對曰：『今君之所好者，其溺音乎？』」「鄭音好濫淫志，宋音燕女溺志，衛音趨數煩志，齊音敖辟喬志，此四者，皆淫於色而害於德。」「爲人君者，慎其所好惡而已矣。」由此觀之，則師曠之言不爲過也。《書》曰：「甘酒嗜音，峻宇彫牆」，「有一于此，未或不亡」。夫口耳之習不慎，而至于亡國喪家者有之，固不特公室卑而已也。

古賦題

司馬相如《子虛賦》中雖言上林之事，然首尾貫通一意，皆《子虛賦》也，未嘗有《上林賦》，而昭明太子編《文選》乃析其半，自「亡是公听然而笑」爲始，以爲《上林賦》，誤矣。蓋相如以「子虛」虛言也，「烏有先生」烏有此事也，「亡是公」者亡是人也，故空藉此三人爲因以諷諫奏之。其賦曰：「楚使子虛使於齊，齊王悉發車騎與使者出畋。畋罷，子虛過詫烏有先生，而亡是公存焉。」其末曰：「二子愀然改容，超若自失，逡巡避席，曰：『乃今日見教，謹聞命矣。』」此《子虛賦》始終一意，不可析其半以爲《上林賦》，則意遂中絕，不可讀矣。班固作《兩都賦序》曰：「臣作《兩都賦》，以極衆人之所眩曜，折以今之法度。」其賦始曰「有西都賓問于東都主人」，中曰「東都主人喟然而歎」，末曰「主人之辭未終，西都賓矍然失容」，「欲辭。主人曰：『復位，今將授子以五篇之詩。』」此首尾貫一賦也。其名爲《兩都賦》，而其《序》亦曰《兩都賦序》，可以見也。昭明太子乃析而爲《西都賦》、《東都賦》，誤矣。昭明太子自「東都主人喟然而歎」析而爲《東都賦》，然其文與上句相連，不可析也。《後漢·張衡傳》曰：「時天下承平日久，自王侯以下，莫不踰侈，衡乃擬班固《兩都》作《二京賦》以諷諫。」其賦始曰「有憑虛公子者」，「學乎舊史氏」，「言于安處先生」，中曰「安處先生似不能言者，莞爾而笑」，末曰「得聞先生之餘論，則大庭氏何以尚兹」。此賦首尾貫通，亦一賦也。衡自謂擬班固《兩都》作《二京賦》，蓋與班固《兩都》一體，通爲一賦。昭明太子亦析而爲《西京賦》、《東京賦》，亦誤矣。昭明太子自「安處先生似不能言」析而爲《東京賦》，然其文亦與上句相連，亦不可析也。左思作《三都賦序》曰：「余既思摹《二京》而賦《三都》。」蓋亦擬張衡《二京》而爲《三都賦》。其賦始曰「有西蜀公子者言于東吴王孫」，中曰「東吴王孫囅然而咍」，終「魏國先生有睟其容」，而其末曰「先生之言未卒，吴、蜀二客矆焉相顧」，「懊墨而謝」。此賦首尾貫通，亦一賦也。其名爲《三都賦序》，昭明太子析而爲《蜀都》、《吴都》、《魏都》三賦，亦誤矣。《三都》其文上下相連，不可析也。析之則意亦中絶，不可讀矣。惟張衡《南都賦》别是一賦。夫賦題者，綱領也，綱領正則文意通，昭明太子何爲其多析也！

古賦序

傅武仲《舞賦》、宋玉《高唐賦》、《神女賦》、《登徒子好色賦》本皆無序，梁昭明太子編《文選》，各析其賦首一段爲序。此四賦皆託楚襄王答問之語，蓋借意也，故皆有「唯唯」之文，昭明誤認「唯唯」之文爲賦序，遂析其辭。觀國按：司馬長卿《子虚賦》託烏有先生、亡是公爲言，揚子雲《長楊賦》託翰林主人、子墨客卿爲言，二賦皆有「唯唯」之文，是以知傅武仲、宋玉四賦本皆無序，昭明太子因其賦皆有「唯唯」之文，遂誤析爲序也。揚子雲《羽獵賦》首有二序，五臣注《文選》曰：「賦有兩序，一者史臣，一者雄序。」詳其文，第一序乃雄序也，第二序非序，乃雄賦也。賦中用「頌曰」二字，不害于義。昭明析「頌曰」爲一段，乃見其有二序，蓋誤析之也。馬融《長笛賦》首尾兩處有「辭曰」字，潘安仁《籍田賦》末有「頌曰」字，潘安仁《笙賦》、張平子《思玄賦》、鮑明遠《蕪城賦》、謝希逸《月賦》，其末皆有「歌曰」字，王文考《魯靈光賦》、班孟堅《幽通賦》、王子淵《洞簫賦》、顔延年《赭白馬賦》，其末皆有「亂曰」字，謝惠連《雪賦》、嵇叔夜《琴賦》，既有「歌曰」字，又有「亂曰」字。由此觀之，則《羽獵賦》有「頌曰」字乃賦也，非序也，亦豈有一賦而兩序耶？又《文選》載揚子雲《解嘲》有序，揚子雲《甘泉賦》有序，賈誼《鵩鳥賦》有序，禰正平《鸚鵡賦》有序，司馬長卿《長門賦》有序，漢武帝《秋風辭》有序，劉子駿《移書責太常博士》有序，以上皆非序也，乃史辭也。昭明摘史辭以爲序，誤也。

三都賦序

左太沖《三都賦序》曰：「相如賦《上林》而引『盧橘夏熟』，揚雄賦《甘泉》而陳『玉樹青葱』，班固賦《西都》而歎『以出比目』，張衡賦《西京》而述『以游海若』。假稱珍怪，以爲潤色。」「攷之果木，則生非其壤；校之神物，則出非其所。于辭則易爲藻飾，于義則虚而無徵。」觀國按：司馬相如賦言上林之盛曰：「於是乎盧橘夏熟，黄柑橙楱。枇杷橪柿，亭柰厚朴。梬棗楊梅，櫻桃蒲陶。隱夫薁棣，答遝離支。羅乎後宫，列乎北園。」蓋橘、橙、枇杷、楊梅、荔枝皆南方之物，非西北所産。然而上林者，天子之宫苑，四海之嘉木珍果皆能移植于其中，不但本土所生者而已。又賦之所言奇禽異獸、明珠香草、天臺仙樂、青琴虙妃之類，亦非上林之所産，有以見上林之富麗，四方之物畢致也，而左太沖責以「盧橘夏熟，生非其壤」，亦過矣。揚雄《甘泉賦》曰：「翠玉木之青葱。」顔師古注《前漢書》曰：「玉木者，武帝所作，集衆寶爲之，用供神也，非謂自然生之。」蓋玉木者，猶金蓮玉蘂之義，以金玉爲之，以象生物也。左太沖意謂真有玉木，玉木非秦中所産，則誤矣。《史記·封禪書》曰：「古之封禪，鄗上黍，北里禾，所以爲盛；江、淮閒，一茅三脊，所以爲藉。東海致比目之魚，西海致比翼之鳥。」蓋王者登封告成，則四海珍異之物畢萃焉，以言其感格之所致也。班固《西都賦》曰:「招白鷳,下雙鵠,投文竿,出比目。」此言西都之盛,四海珍異之物畢萃,而魚鳥之飛潛,有不召而致者,皆可以弋釣而得之,所以甚言西都文物之富盛,無所不有,亦如《封禪》之致庶物也。左太沖意謂東海比目之魚,西都不應有焉,然班固之意,則有在也。張衡《西京賦》曰:「海若游于玄渚,鯨魚失流而蹉跎。」五臣注《文選》曰:「海若,海神也。」按《前漢·郊祀志》曰,武帝好神仙,李少君言海中蓬萊仙可見之,帝遣方士入海求蓬萊、安期生之屬。拜齊少翁爲文成將軍,拜欒大爲五利將軍,拜公孫卿爲郎,於是作飛廉、桂館,益壽、延壽館,通天臺,治泰液池,有蓬萊、方丈、瀛洲、壺梁,象海中神僊之宅,龜魚之屬,以俟神人。而張衡《西京賦》亦言泰液、漸臺,瀛洲、方丈,蓬萊神僊,靈芝僊掌,與夫少君、欒大之事,而曰「海若游于玄渚」者,蓋述武帝好神僊,而于海上候神人不致,故即甘泉、建章作臺池僊館,以象海上僊家之境,則必有海若來游,實賦于玄渚,故雖鯨魚之大,亦蹉跎而駭伏矣。賦言「海若來游」,實賦之意當如此也。左太沖謂「校之神物,則出非其所」,亦過矣。潘岳《閒居賦》曰:「長楊芳枳,游鱗菡萏。張公大谷之梨,梁侯烏椑之柿,周文弱枝之棗,房陵朱仲之李。三桃表櫻胡之別,二柰曜丹白之色。石榴蒲桃,梅杏郁棣,葱韭蒜芋,青筍紫薑,堇薺蓼荾,蘘荷時藿,緑葵白薤。」蓋岳退居洛涘而作此賦,自言其臺池果茹之多如此,非皆洛中土産之物也。而況上林、甘泉、西都、東都皆王者居處遊燕之地,四海九州珍異之物無不畢聚,是宜賦者之所夸美，而太沖獨責以「假稱珍怪，虛而無徵」，則誤矣。又王延壽《魯靈光殿賦》曰：「玉女闚窗而下視。」嵇康《琴賦》曰：「天吳踴躍于重淵。」張衡《思玄賦》曰：「戴玉女而召虙妃。」馬融《長笛賦》曰：「仰駟馬而舞玄鶴。」孫綽《遊天台山賦》曰：「八桂森挺以凌霜。」司馬相如《長門賦》曰：「桂木交，孔雀集。」張華《鷦鷯賦》曰：「海鳥爰鶋，避風而至。」苟如左太沖所責，則若此之類皆爲「假稱珍怪，虛而無徵」矣。蓋亦觀其意之所主如何耳，若但責其辭而遺其意，固不可也。

甘泉賦

《前漢·揚雄傳·甘泉賦》曰：「翠玉樹之青葱兮，壁馬犀之瞵㻞。」顏師古注曰：「馬犀者，馬腦及犀角也，以此二種飾殿之壁。」《文選·甘泉賦》曰：「璧馬犀之璘㻞。」五臣注曰：「武帝植玉木于此宮，以碧爲葉，青葱色，又作碧馬犀牛等物爲飾。」觀國按：《書》作「壁馬犀」，《文選》作「璧馬犀」，蓋壁、璧二字其義迥不同【一】，故注釋者亦隨其字之義而訓之，在《漢書》則訓爲殿壁，在《文選》則訓爲璧玉，因以不同也。《前漢·藝文志》有揚雄賦十二篇。雄有文名，當時傳雄之賦者，帙不一，故其用字不能無訛。至班固作史，蕭統編《文選》，各以其所得雄賦而集録之，故其賦用字有不同。今讀其賦曰：「仰撟首以高視兮，目冥眴而亡見。正瀏濫以宏惝兮【二】，指東西之漫漫。徒回回以

【一】蓋壁璧二字其義迥不同　「璧」原作「壁」，據武英殿聚珍本和《四庫全書》本改。

【二】正瀏濫以宏惝兮　「惝」原作「敞」，據《文選》和《四庫全書》本改。

皇皇兮，魂眇眇而昏亂【三】。據軨軒而周流兮，忽軮圠而亡垠。翠玉樹之青葱兮，璧馬犀之瞵𤦲。金人仡仡其承鐘虡兮，嵌巖巖其龍鱗。」凡此賦句，皆以下句釋上句，則「璧馬犀」爲璧玉之璧，其上下文句通矣。其曰「據軨軒而周流兮，忽軮圠而亡垠」，然後言玉木、金人者，蓋謂依欄檻而四顧，見廣大而無際畔，但見庭中玉木之青葱、金人之巖巖耳。玉木植于殿庭，金人捧露盤亦在殿庭，此皆言望見殿庭中物，不應反言殿壁也，賦句之義于此判矣。按《甘泉賦》字不同者亦多，《漢書》曰「不可乎彊度」，《文選》「不可乎彌度」；《漢書》曰「魂固眇眇」，《文選》曰「魂眇眇」；《漢書》曰「鬼魅不能自還」，《文選》曰「鬼魅不能自逮」；《漢書》曰「薌呹肸以掍根」，《文選》曰「薌呹肸以掍批」；《漢書》曰「惟弸環其拂汨兮」、「王爾投其鉤繩」，《文選》曰「惟首弸環其拂汨兮」、「王薾投其鉤繩」；《漢書》曰「鸞鳳紛其御蕤」，《文選》曰「鸞鳳紛其銜蕤」；《漢書》曰「玉女無所眺其清盧兮」，《文選》曰「玉女亡所眺其清矑兮」；《漢書》曰「隆厥福兮」，《文選》曰「降厥福兮」。此一賦也，而《漢書》、《文選》用字不同如此。然他皆可以假意而讀，惟壁、璧不可假意通用，而注釋者又各異，固不可不辨也。

四愁詩序

《文選》張衡《四愁詩序》曰：「張衡不樂久處機密，陽嘉中，出爲河間相。時國王驕

【三】魂眇眇而昏亂　原作「魂魄眇眇而昏亂」，據《文選》和《四庫全書》本改。

奢，不遵法度，又多豪右并兼之家。衡下車，治威嚴，能内察屬縣姦猾行巧劫，皆密知名，下吏收捕，盡服禽。諸豪俠游客悉惶懼逃出境，郡中大治，爭訟息，獄無繫囚。時天下漸弊，鬱鬱不得志，爲《四愁詩》。」觀國詳此序，非衡所作也。豈有爲相而斥言「國王驕奢，不遵法度」，又自稱「下車，治威嚴，郡中大治」者？按《後漢·張衡傳》曰：「陽嘉元年，造候風地動儀」，「後遷侍中。」「永和初，出爲河間相。時國王驕奢，不遵典憲，又多豪右，共爲不軌。衡下車，治威嚴，整法度，陰知姦黨名姓，一時收禽，上下肅然，稱爲政理。視事三年，乞骸骨，召拜尚書。永和四年卒。」以知《四愁詩序》乃史辭也。辭有不同者，蓋撰《後漢書》者非一家，後之編集衡詩文者增損之耳。《序》言「陽嘉中，出爲河間相」，而史言「永和初，出爲河間相」。按順帝陽嘉盡四年始改永和元年，永和盡七年。衡本《傳》言陽嘉中遷侍中，永和初出爲河間相，永和四年卒，其次第已不紊，詩《序》謂陽嘉中出爲河間相者，誤也。五臣注《文選》曰「陽嘉元年爲河間相」，亦誤也。

閑情賦

梁昭明太子作《陶淵明文集序》曰：「白璧微瑕者，惟在閑情一賦」，「幸無諷諫，何必摇其筆端。」觀國熟味此賦，辭意宛雅傷己之不遇，寄情于所願，其愛君、憂國之心，惓惓不忘，蓋文之雄麗者也。此賦每寄情于所願者，若曰「我願立于朝，而其君不能用之」，是真譎諫者也。昭明責以「無諷諫」，則誤矣。然則讀此賦而不知其意者，以爲詠婦人耶？古之言美人、佳人，皆以比君子、賢人。《簡兮》詩曰：「云誰之思？西方美人。彼美人兮，西方之人兮。」注曰：「美人謂碩人大德，周室之賢者。」《離騷》曰：「惟草木之零落兮，恐美人之遲暮。」注曰：「美人謂君也，言恐歲暮而不早用賢也。」《九歌》曰：「望美人兮未來。」注曰：「美人謂湘神也，以喻望君之使也。」《張衡傳》曰，衡爲《四愁》詩，依屈原，以美人爲君子，以珍寶爲仁義，故其詩曰「美人贈我金錯刀」，「美人贈我金琅玕」，「美人贈我貂襜褕」，「美人贈我錦繡段」。江淹詩曰：「日暮碧雲合，佳人殊未來。」《文選》注曰：「佳人，謂友人也。」《閒情賦》之寄意遠矣，以爲微瑕者，其不見知耶！

滕王閣序

歐陽文忠公《集古録·跋德州長壽寺舍利碑》曰：「余屢歎文章至陳、隋不勝其弊，而唐家致治之盛，不能遽革其弊。」「及讀斯碑，有云『浮雲共嶺松張蓋，明月與巖桂分叢』，乃知王勃云『落霞與孤鶩齊飛，秋水共長天一色』，當時士無賢愚，以爲警絶，豈非其餘習乎？」觀國按：庾子山《馬射賦》曰：「落霞與芝蓋齊飛，野水共春旗一色。」王勃正仿此聯，非摹《長壽寺碑》也。《長壽寺碑》亦仿《馬射賦》，而句格又弱者也。

羅池碑

歐公《跋羅池碑》曰：　今世傳《昌黎集》，文與碑多同，惟集本云「涉有新船」，而碑以涉爲步，「荔子丹兮蕉子黄」，碑蕉下無子字，當以碑爲是。而碑云「春與猿吟兮秋鶴與飛」，則疑碑之誤也。觀國詳《羅池碑》，升鶴字于與字之上，則句老而格新。古人有此格。屈平《九歌》曰：「蕙肴烝兮蘭藉，奠桂酒兮椒漿。」「蕙肴烝」不可以對「奠桂酒」，而特倒其語者，取夫句老而格新也。然則《羅池碑》云「春與猿吟兮秋鶴與飛」非誤也，亦當以碑爲是。

瘞鶴銘

歐公曰：「《瘞鶴銘》題云華陽真逸撰。刻于焦山之足，常爲江水所浸，好事者伺水落摸之，祇得其數字。」「余所得六百餘字，獨爲多也。按《潤州圖經》以爲王羲之書，字亦奇放，然不類羲之筆法，而類顔魯公，不知何人書也。華陽真逸是顧況道號，今不敢遂以爲況者，碑無年月，不知何時，疑前後有人同斯號者也。」近世士人有論碑者曰：「道書，陶隱居號曰『華陽真逸』，隱居嘗在茅山修養。茅山與潤州接境，疑『華陽真逸』即陶隱居也。」觀國按：《顔氏家訓》曰，學二王書之得體者，有陶隱居。今詳觀《瘞鶴銘》字，王書法也，歐以爲似顔魯公，非也。陶隱居既有「華陽真逸」之號，而茅山又近焦，隱居又善爲二王書，則撰《銘》與書，皆隱居矣。若顧況，乃竊「華陽真逸」之號耳。碑銘甚古，顧況生唐之中葉，距今未遠，決非況銘也。今世所得《瘞鶴銘》碑本，不過二百字，未嘗有六百餘字者。

高氏書

歐公曰，太原府交城縣石壁寺《鐵彌勒像頌》者，林謂撰，參軍房璘妻高氏書。余集録婦人書，惟此高氏一人。其書此頌，與安公《美政碑》筆畫字體遠不相類，殆非一人之書，疑摸刻不同，亦不應相遠如此。又疑好事者寓名以爲奇也，識者當爲辨之。觀國嘗得高氏所書二碑，蓋高氏學逸少書甚逼真。然《石壁寺碑》乃行書，《美政碑》乃楷書，古之善書者，楷書與行書自不相類，如逸少書《蘭亭序》、《樂毅論》乃其楷，而其草書見于法帖者，乃大不相類，其餘善書人皆如此。然則高氏二碑皆高氏書也。二碑皆高大，想見當時建立之盛，而高氏書在當時無出其右者故也。豈有建碑工力如此其大，而反假婦人書字以爲奇者？亦建碑者所不肯爲也。

柳子厚書

趙璘《因話録》曰，柳子厚善書，當時重其書，湖湘以南士人皆學其書。柳氏前有公權，後有子厚，有此二人。歐公《集古録》有子厚書《般舟和尚碑》并《南嶽彌陀和尚碑》，歐公跋曰：「書既非工，而字畫多不同，疑喜子厚者竊借其名以爲重。」觀國嘗于南嶽山閒見此子厚二碑，詳觀之，乃子厚南貶時書也。子厚書體格雖疎静，好藏鋒，類崛筆書，然在唐未可以名家，故唐史及唐人文集未嘗言其善書。大抵士人文章稱著，則并其書亦爲世所貴重。子厚嘗以文稱于朝矣，及其南貶也，湖湘以南士人慕其文章，又學其書，此古今之常態也。《因話録》謂柳氏有此二人，蓋奬飾子厚之過耳。

千文

楊文公《談苑》曰：「《千字文》云『敕員外散騎侍郎周興嗣次韻』，其敕字乃梁字傳寫之誤也。」「唐顯慶中，詔不經中書門下不得稱敕，敕之名始定于此。」觀國按：《梁書·周興嗣傳》曰：「武帝以三橋舊宅爲光宅寺，敕興嗣與陸倕製寺碑，帝以興嗣所製自題。」又曰：「次韻王羲之千字，並使興嗣爲文。」又曰：興嗣「直西省，周捨奉敕注武帝所製歷代賦啟，興嗣助焉」。興嗣本《傳》自有敕字，蓋臣下以奉敕撰文爲榮，故興嗣于

《千文》加敕字于官稱之首也。古者天子諭臣下以事，皆稱敕，故衛夫人奉敕寫《急就章》。梁武帝賜《七夕詩》與任昉，昉謝啟曰：「昉奉敕賜示《七夕》五韻。」又卞彬《謝修卞忠貞墓啟》曰【四】：「彬伏見宣敕修臣亡高祖忠貞公壼墳塋。」唐高祖武德二年，敕諸州進士隨方物入貢。房玄齡等刪武德以來敕三十餘條。然則敕之名久矣，非由顯慶中定也。《唐書》顯慶詔不經中書門下，不得稱敕，蓋慮臣下有直取聖旨，而不由中書門下以行之，則大臣未嘗商確，而事之利害有未公者，固難以行云，所以防姦邪也，非定敕之名也。楊文公豈不知此，殆編集文公《談苑》者誤耳。歐公《集古録》曰：「《梁書》言武帝得王羲之所書千字，命周興嗣以韻次之。今法帖有漢章帝書百餘字，其言有海鹹河淡之類，蓋前世學書者多爲此語，不獨始于羲之也。」觀國按：法帖中所書《千文》百餘字皆作章草體，當時敘次碑帖者誤題以爲漢章帝書，其實周興嗣所次之文也。以爲「前世學書者多爲此語，不獨始于羲之」，則非也。

【四】又卞彬謝修卞忠貞墓啟　「貞」原避宋仁宗「禎」諱作「正」。下同。

李瀚《蒙求》

唐李瀚撰《蒙求》五百九十八句，每句著一人，每人著一事，非博學不能爲此。然其疵在于一人而分作二句或三句，既曰「孔明臥龍」，又曰「葛亮顧廬」，又曰「亮遺巾幗」；既曰「楊震關西」，又曰「震畏四知」；既曰「揚雄草玄」，又曰「子雲投閣」；既曰「杜預建橋」，又曰「元凱傳癖」；　既曰「孫欽閉户」，又曰「文寶緝柳」；　既曰「平叔傳粉」，又曰「何晏神伏」；　既曰「伏波標柱」，又曰「馬援薏苡」；　既曰「仲宣獨步」，又曰「王粲覆棊」；　既曰「叔寶玉潤」，又曰「衛玠羊車」；　既曰「子建八斗」，又曰「陳思七步」；　既曰「子房取履」，又曰「張良燒棧」；　既曰「陶潛歸去」，又曰「淵明把菊」；　既曰「孔融遜果」，又曰「孔融座滿」。凡此皆一人而分作二句或三句者也。瀚之意固患其重複，故或用姓名，或用表字，或用官爵，蓋嫌于同而欲異其語也。夫諸史中所載人姓名事蹟多矣，每用一人爲一句，不難也，何至乃重複用之哉？　又其所著不皆出于經史，而間取小説雜書，如「毛寶白龜」、「糜竺收資」皆出于《搜神記》，「壺公謫天」、「初平起石」皆出于《神仙傳》，「孫晨藁席」、「靈輒扶輪」皆出于《類林》，「孫鐘設瓜」、「黄尋飛錢」、「宋宗雞窗」皆出于《幽冥録》，「龐儉鑿井」出于《風俗通》，「盧充幽婚」出于《志怪集》，「張氏銅鉤」出于《三輔決録》，「王果石崖」出于《神怪志》。蓋小説雜書多妄誕不可取信，而瀚取此與經史同列，非訓蒙之所先也。

三世將

《史記》，秦使王離擊趙，客曰，將三代必敗，以其殺伐多也。《後漢・耿弇贊》曰：「三世爲將，道家所忌。」觀國竊謂用兵無常勝，亦無常敗，一勝一敗，乃其常理，要在持守之如何耳。若謂將三世必敗,則將二世斯可已矣,而三世猶將者,是躬蹈敗亡之地也。人君苟知其將已二世矣,而又使之將者,是欲置人臣于必敗而自取亡師之禍也。然則將三世必敗,決無是理也。王翦爲秦將有功,翦子賁復有功,翦孫離復將擊趙,爲項羽所敗。當是時,項兵强,離輕敵遂敗,當自責也,非三世將之罪也。蒙驁爲秦將有功,驁子武復將有功,驁孫恬復築長城,俄而二世賜恬死。蓋恬不悟趙高之窺己,貪功而及于難,亦當自責也,非三世將之罪也。李信爲秦將有功,信裔廣爲漢將有功,廣孫陵復將而降匈奴。陵以寡兵深入不測之地,此敗亡之道也,亦當自責,非三世將之罪也。竇融爲光武將有功,融猶子固復將有功,融孫憲復將,能空朔庭,而獲罪自殺。憲恃國戚,有軍功,而陵肆不軌,自取禍亡,亦當自責,非三世將之罪也。陸遜爲吴將有功,遜子抗復將有功,遜孫機復將,佐成都王穎以討亂,鹿苑之敗,機遂遇害。機力小而任重,難以成功,亦當自責,非三世將之罪也。凡此皆將三世而敗者,跡其所由,皆失持守之道而至于敗,固不可歸諸天也。若夫鄧禹爲光武將有功,禹子鴻爲和帝將有功,禹孫騭爲安帝將有功,三世不敗也。耿況爲光武將有功,況子弇復將有功,況孫秉復爲顯宗將有功,而況孫夔、恭俱爲名將,三世不敗也。周訪爲晉元帝將有功,訪子撫復將有功,撫子楚復將,平禍亂,三世不敗也。薛仁貴爲唐高宗將有功,仁貴子訥復將有功,訥孫平復將,討蔡疏封,三世不敗也。康日知爲德宗將有功,日知子志睦復將有功,日知孫承訓復爲宣宗名將,三世不敗者又如此，則非三世必敗矣。君子當勉人以持守之道，而以三世爲必敗，非立教之方也。夫殺伐所以止亂也，故商湯殺伐多而商興三十世，周武殺伐多而周興三十七世，漢高帝殺伐多而漢興四百年，晉宣帝殺伐多而晉興一百五十年，唐高祖殺伐多而唐興三百年。使其以殺伐爲戒，則桀、紂、秦、隋之亂何以弭之哉？趙客之説王離，率爾之辭也，後世不可援以爲信。

《新唐書》釋音

南北朝有複姓庫狄者，周有少師庫狄峙，北齊有宜都郡王庫狄伏連。古亦有獨姓庫者，後漢有輔義侯庫鈞。古又有姓厙者，音赦，《廣韻》曰：「厙，始夜切，姓也。」台括有之。」今按《唐史·甄權傳》有魯州刺史庫狄嶔，是複姓庫狄也，《唐書釋音》乃音庫爲赦，然則字與音兩失之矣。《唐書釋音》，饒州老儒董衡所進，頗爲詳悉，然闃字當作户闃切，乃作胡官切；　綰字當作烏板切，乃作烏管切；　苹字當作蒲兵切，乃作蒲萌切；　複字當作符逼切，乃作蒲北切；　丱字音慣，而乃音貫；　莜字音翹，而乃音蕭。《劉文靜傳》曰「奮襼大呼」，從衣，所謂袂也，而衡注曰：「木相摩。」蓋《廣韻》曰：「⿰木藝，木枝相摩也。」衡誤以襼爲⿰木藝矣。《蕭復傳》曰：「今阽于危。」阽音鹽，臨危之義也，衡誤音阽爲都念切，又注曰：「下也。」如此類甚多，蓋討論之失也。

言行

聖賢言行，要當顧踐，毋使自相矛盾。唐太宗修《晉書》，自製《晉武帝論》，謂惠帝可廢，終使傾覆洪基，然太宗不自知高宗之不君，其傾覆尤甚于惠帝也。太宗謂劉元海當除而不除，卒令擾亂區夏，然太宗不能除女武之禍，其擾亂尤甚于元海也。太宗對蕭瑀謂隋文帝事皆自決，不任羣臣，然自咤曰：「朕作天子，常兼將相之事。」則與前言異矣。太宗對鄧素謂遠人不服，則修文德以來之，然自將以征高麗，卒不成功，則與前言異矣。白樂天作《策林》，欲官吏清廉，然又謂凍餒切于身，雖巢、由不能固其節，何其言之不類耶？杜子美《投贈哥舒開府翰》詩曰：「開府當朝傑，論兵邁古風。先鋒百勝在，略地兩隅空。」又作《潼關吏》詩曰：「哀哉桃林戰，百萬化爲魚。請屬防關將，慎勿學哥舒。」此所謂一貴一賤，交情乃見者耶！然人各有趣，苟不悖于道，則無傷于言行。郅惲拜將兵長史，授以軍政，惲恥以軍功取位，遂辭歸鄉里。而班超投筆以歎曰：「當立功異域，取封侯，安能久事筆硯！」杜預爲荆州，刻二碑，一沈水中，一立峴山，欲示無窮。而楊瑒乃曰：「書名史氏足矣，若碑者，徒遺後人作矴石耳。」謝靈運好山水，尋山陟嶺，必造幽峻。而樂廣乃曰：「名教内自有樂地。」王恭曰：「仕宦不爲宰相，才志何足以騁？」而張翰乃曰：「使我有身後名，不如即時一杯酒。」鮑行卿曰：「作舍人不免貧。」而王秀之乃恐富求歸。凡此，其志若甚相反，然不悖于道，則于言行無傷焉。若夫援伊尹放太甲之例，而霍光因以廢昌邑，終使霍氏不能善其宗；援周公居攝之例，而王莽因以篡漢，終使王氏覆其宗；援周公殺管、蔡之例，而唐太宗因以殺建成、元吉，終久不能全父子、兄弟之譏。凡此皆悖道而逆施者也，可不慎哉！

封禪書

《史記·封禪書》曰，齊桓公欲封禪，管仲曰：「古者封泰山、禪梁父者七十二家，而夷吾所記者，十有二焉。」「神農封泰山，禪云云；炎帝封泰山，禪云云。」觀國按：三皇謂太昊伏羲氏也，炎帝神農氏也，黄帝有熊氏也。然則炎帝乃神農氏也，而《封禪書》乃分爲二人，則誤矣。漢高祖名邦，司馬遷作《史記》爲諱之，悉代以國字，然《封禪書》曰「五岳皆天子之邦」。漢文帝名恒，改恒山爲常山，故《封禪書》曰「以常山爲郡」。然又曰「至琅邪，過恒山」。吕后名雉，改雉爲野雞，故《封禪書》曰「野雞夜鳴」，然又曰「縱遠方奇蜚禽及白雉」。凡此，用字不一如此，何耶？太史公《封禪書》贊曰：「余從巡祭天地諸神名山大川而封禪焉。入壽宮侍祠神語，究觀方士祠官之意，於是退而論次。」觀國按：封禪具載祠祭事，太史公當取其與禮合者，而敍武帝方士之言，謬悠無根。至于壽宮神與人言，鬭棊觸擊之類，皆世俗巫覡小數虚怪，不足以示後世。

引證

《周禮・玉府》曰：「王齊，則共食玉。」王荆公《新義》曰：「北齊李預嘗得食法。」觀國按：李預乃後魏孝文帝時人，其祖宗與其子孫世爲魏人，見于《後魏書》，無在北齊者，非北齊人也，《新義》誤也。鄭氏注《周禮》曰：「玉是陽精之純者，食之以禦水氣，王齊當食玉屑。」《前漢・郊祀志》曰：武帝「作柏梁、銅柱、承露仙人掌之屬」。顔師古注曰：「《三輔故事》云建章宫承露盤高二十丈，大七圍，以銅爲之，上有仙人掌承露，和玉屑飲之。張衡《西京賦》曰『立脩莖之仙掌，承雲表之清露，屑瓊蘂以朝餐，必性命之可度。』」言食玉屑可以延生也。故李預羡古人餐玉法，采而食之。及其死也，形不壞而無穢氣。然則《周禮・玉府》「王齊，共食玉」，則古之人君未有不食玉者。至後世，其法稍不傳。且後世文物愈備，而食玉一事不能追古人，何耶？王荆公《字説》牷字解云「《國語》曰：『毛以告全。』」今按《國語》無此文，惟《禮記》云「毛者，告全之物也」。牟字解云：「牟者，《爾雅》曰『牟，進也』。」今按《爾雅》無此文，惟《玉篇》曰：「牟，進也。」芼字解云：「《爾雅》曰『芼，擇也』。」今按《爾雅》無此文，惟鄭氏《詩》注曰「芼，擇也。」仔字解云：「《爾雅》曰『仔，肩任也』。」今按《爾雅》無此文，惟鄭氏《詩》注曰：「仔，肩任也。」夫引證之誤，小疵也，然作成書者，固不當誤。

馬周杜甫傳

《唐書·馬周傳》曰：周「舍新豐逆旅，主人不之顧。周命酒一斗八升，悠然獨酌」。又《杜甫傳》曰：甫「嘗從李白、高適過汴州酒樓，酣登吹臺，慷慨懷古」。觀國竊謂逆旅獨酌，登高懷古，乃人之常情，若因可書之事而附見于史可也。今此二傳不因可書之事而特書此者，所未喻也。馬周窮未遇時，逆旅獨酌，不知何人記此一事。設當時有見周獨酌而記之者，又何足記也？杜甫與李白、高適登吹臺懷古，宜有吟詠，而集所不載。蓋兩傳所書，皆不足書也。或謂自遷、固而下，作史者稍倣《春秋》，以一字示褒貶，有志乎懲惡而勸善，其然乎？其不然乎？

六出

《南史·宋孝武帝紀》：大明「五年正月朔，華雪降散，爲六出，上悦，以爲瑞」。觀國按：雪六出，古猶今也。宋孝武大明五年正月朔，雪六出，孝武必以是日受元吉之賀，因雪六出，乃自喜以爲瑞，道諛之臣飾此説以記之，後之修史者不擇，遂著于《紀》耳。《韓詩外傳》曰：「凡草木華五出，雪華獨六出。」今究觀草木華亦有六出者，但不若五出者多耳。如梔子花、萱草花、百合花，皆六出也。

琥珀

張茂先《博物志》云:「松脂淪入地,千年化爲茯苓,茯苓千年化爲琥珀。」劉義慶《世説》曰:「桃濇入地,化爲琥珀。」《廣雅》曰:「琥珀生地中」,「深者八九尺,大如斛,削去皮,成琥珀。初時如桃膠,凝乃成」。《玄中記》曰:「楓脂入地爲琥珀。」《酉陽雜俎》曰:「龍血入地爲琥珀。」又曰:「寧州沙中有細腰蜂,岸崩則蜂出,土人燒治以爲琥珀。」

觀國按:琥珀燒之有松氣,又其中有蜂蠅狀不壞,當是松脂溼時蜂蠅所粘凝結,入地歲久而成琥珀也。茯苓亦是松根氣結成,如贅疣狀,其抱根者謂之茯神。初生則小,歲久則大。蓋琥珀、茯苓自是兩物,非歲久變爲琥珀也。二物各有大小,非必千年而後化也,張茂先論物理多險怪如此。其餘諸家論琥珀所生,皆非也。琥珀又爲虎魄字,蓋假借用之。唐高祖之祖名虎,唐人諱虎字,故唐人文字皆改虎爲武,而諱琥珀爲武魄也。魄又音他各切,《史記》酈食其「落魄,無衣食業」是也。又音蒲莫切,相如《封禪書》曰「旁魄四塞,雲布霧散」是也。《前漢·律曆志》曰:「《周書·武成篇》:『惟一月壬辰,旁死霸。』」又曰:「粤若來三月,既死霸。」又曰:「死霸,朔也;生霸,望也。」又曰:「惟四月既旁生霸。」又曰:「甲子哉生霸。」孟康注曰:「魄,月質也。」顔師古注曰:「霸,古魄字。」觀國按:許慎《説文》,魄與霸通,班固好用古文字,故每變其體。

扇枕

《後漢・黄香傳》不載扇枕事。陶淵明作《孝士傳》贊曰：「黄香九歲失母，事父竭力，以致孝養。暑月則扇牀枕。」李瀚《蒙求》曰：「黄香扇枕。」注《蒙求》者引《東觀漢記》曰：「黄香事母至孝，暑月扇枕。」在淵明《傳》則云「事父」，在《東觀漢記》則云「事母」，世患無所質證。觀國按：《後漢書・黄香傳》：年九歲，失母，思慕憔悴，殆不免喪，鄉人稱其至孝。年十二，太守劉護聞而召之，辟門下孝子【五】。「香家貧，内無僕妾，躬執苦勤，盡心奉養。遂博學經典。」蓋本《傳》先云九歲失母，後云年十二，太守召爲門下孝子，家貧，盡心奉養，則香猶有父在而盡心奉養也。然則香爲父扇枕可知矣。香本《傳》字文彊，而《東觀漢記》字文儒。嘗觀諸史所引《東觀漢記》，其言亦有無倫義而不可取信者，蓋當時所記多出于風傳。如《西京雜記》、李肇《國史補》之類，未必皆可信，而後之修史者往往多取而編入史中，不能不招瑕也。

佛教

《後漢・西域傳》曰：「天竺國，一名身毒國」，其人「修浮圖道，不殺伐，遂以成俗」。又曰：「明帝夢見金人，長大，頂有光明。以問羣臣。或曰：『西方有神，名曰佛，其形長

【五】辟門下孝子　《後漢書・黄香傳》爲「署門下孝子」。

丈六尺而黃金色。』帝于是遣使天竺，問佛道法，遂于中國圖畫形像焉。楚王英始信其術，中國因此頗有奉其道者。」《後漢》光武子《楚王英傳》曰：「英晚節更喜黃老，學爲浮圖，齋戒祭祀。」章懷太子注引袁宏《漢記》曰：「初，明帝夢見金人，長大，頂有日月光，以問羣臣。或曰：『西方有神，其名曰佛，陛下所夢，得無是乎？』于是遣使天竺，問其道術，而圖其形像焉。」《廣韻》佛字注引《牟子》曰：「漢明帝夢神，身有日光，飛在殿前，以問羣臣。傅毅對曰：『天竺有佛，將其神也。』」觀國竊謂人君之于天下，苟有可以誘民爲善者，無不舉而行之。漢明帝夢金人而遣使天竺以問佛道，必聞其國以好生惡殺、省欲去奢爲事，冀以此可以誘民爲善之一端也，而溺信者乃至于太過。梁武帝溺信太過，故登殿受佛戒，宗廟薦蔬果，數幸佛寺，講經捨身，設齋贖身，此豈人主所當爲者耶？武帝冀以此銷罪惡，獲福利，及侯景之叛，乃憂憤不能支持，則溺信無益之明驗也。天下之事，太過則反傷，理之必至也。後魏太武帝太平真君七年，詔諸州坑沙門，毀諸佛像。至文成帝興安元年，始復佛法。後周武帝建德三年，毀經像，沙門、道士並令還俗。至靜帝大象二年，始復佛道二教。唐武宗會昌三年，大毀佛寺，令僧尼爲民。至宣宗大中元年，始復佛寺。蓋太過反傷之理也。南北朝崇信佛法，而士人亦多有溺信者。《南史》，宋武帝大舉北侵，以王玄謨爲寧朔將軍。及魏救至，玄謨夜遁，蕭斌將斬之，沈慶之固諫乃止。初玄謨將見殺，夢人告曰：「誦《觀音經》千遍則免。」玄謨誦之得千遍，明日將刑，誦之不輟，忽傳唱停刑。《北史》，元魏時，盧景裕兵既敗，繫晉陽獄，至心誦經，枷鎖自脱。當時又有負罪當死者，夢沙門教誦經。覺時，如夢誦千遍，臨刑刀折，主者以聞，赦之。此經遂行，號《高王觀世音經》。後世奉佛法者得以此藉口曰「昔人誦某經而免，枷鎖自脱，誦某經而臨刑刀折」，往往溺信，流遁而不返。所謂《觀世音經》者，今具有之，苟使當刑人誦之欲以免死，是刻舟而求劍，知其決不可也。譬如李廣見石，以爲伏虎而射之，没矢，若效李廣而射石，則殆矣。南朝梁遣王固聘魏，宴昆明池。魏人以南人嗜魚，大設罟網，固以佛法咒之，遂一鱗不獲。此乃咒詛小數，今世巫覡皆能之，就使佛法中亦有此咒，固不足怪也。唐高祖時，傅奕上疏【六】，極詆浮圖法，高祖下奕議于有司。中書令蕭瑀曰：「佛，聖人也。非聖人者無法，請誅之。」奕曰：「禮始于事親，終于事君，而佛逃父出家，以繼體悖所親。瑀非空桑所出，蓋所謂非孝者無親。」瑀不答，但合爪曰：「地獄正爲此人設」矣。唐憲宗遣使者往鳳翔迎佛骨入禁中，刑部侍郎韓愈上表，言五帝三王皆壽百餘歲，此時佛法未至中國。漢明帝時始有佛法，其後亂亡相繼，運祚不長。宋、齊、梁、陳、元魏以下，事佛漸謹，年代尤促。梁武帝捨身施佛，後爲侯景所逼，餓死臺城。事佛求福，乃更得禍。表入，帝大怒，持示宰相，曰：「愈言我奉佛太過猶可容，至謂東漢奉佛以後，天子咸夭促，言何乖剌耶？」乃貶潮州刺史。觀國竊謂蕭瑀云「地獄正爲是人設」，此閭閻猥語，非大臣所當言。韓愈言太剴切，乃未信之諫也耶？范蔚宗《西域論》曰：「佛道神化，興

【六】傅奕上疏　「傅」原作「傳」，據《四庫全書》本改。

自身毒。」「好仁惡殺，蠲敝崇善，所以賢達君子多愛其法。然好大不經，奇譎無已。」「又精靈起滅，因報相尋。若曉而昧者，故通人多惑焉。」蓋導俗無方，適物異會，取諸同歸，措夫疑説，則大道通矣。觀國竊謂苟可以誘民爲善，而毋溺信太過，又何傷乎？范蔚宗之論頗通。

攝提

《前漢·天文志》曰：「大角者，天王帝坐　。其兩傍各有三星，鼎足向之，曰攝提。攝提者，直斗杓所指，以建時節。」觀國按：《天文志》所言攝提，乃攝提星也。《史記·曆書》曰：「孟陬殄滅，攝提無紀。」裴駰注曰：「攝提星乃隨斗杓所指建十二月。」《前漢·律曆志》曰：「孟陬殄滅，攝提失方。」孟康注曰：「攝提，星名，隨斗杓所指建十二月。若曆誤，當指辰而乃指巳，是謂失方。」凡此言攝提，皆謂攝提星也。《爾雅》曰：「正月爲陬。」「太歲在寅曰攝提格。」蓋陬者，月名也，攝提格者，歲名也。攝提格但主太歲居寅一位而已。若攝提星，則隨斗杓所指，徧歷十二辰以正歲時焉。苟攝提無紀，則閏餘乖錯，而曆數差矣。屈平《離騷》曰：「攝提貞于孟陬兮，惟庚寅吾以降。」五臣注《文選》曰：「太歲在寅曰攝提。庚寅日，辰也。言我攝提歲正月庚寅日下之體。」觀國按：《離騷》云「攝提貞于孟陬」者，蓋言攝提星順乎斗杓，而不失正朔之紀也。孟陬者，正朔之紀始于此也。言貞于孟陬者，不失正朔之紀也。庚寅者，屈平所生之歲也。故曰「攝提貞于孟陬兮，惟庚寅吾以降」，言斗杓順序，正朔不乖，而我之生也，陰陽和平，初無謬戾，故曰「皇考錫我以嘉名，而字我以靈均」。我之美善如此，而不爲人所知，此作《騷》之意也。五臣以攝提爲太歲，則非也。夫事有疑似如此類者，不可不審。

憮幠

《前漢·薛宣傳》曰：「或以德顯，或以功舉，君子之道，焉可憮也！」晉灼曰：「憮音誣。」蘇林曰：「憮，同也，兼也。」顏師古曰：「《論語》載子夏之言。」《廣韻》曰：「憮音武夫切，空也。」觀國按：《薛宣傳》直用憮字以當誣字耳。憮有空之義，可以借與誣字通用。《後漢》崔琦作《外戚箴》曰：「匪賢是上，番爲司徒。荷爵負乘，采食名都。詩人是刺，德用不憮。」章懷太子注曰：「憮，大也，音呼。」觀國按：字書，幠音呼，大也。幠從巾，故有大之義。若憮字，從心，則非大也。所謂「德用不憮」，亦當音誣爲是。憮又音武，字書曰，憮，失意也，若《孟子》云「夷子憮然爲間，曰：『命之矣』」是也。若夫幠字，則異于是。《桑扈》詩曰：「兕觥其觩，旨酒思柔。彼交匪敖，萬福來求。」鄭氏箋曰：「飲酒者柔順中和，不幠敖也。」陸德明《音義》曰：「幠，火吴反。」《禮記·投壺》篇曰：「毋幠毋敖。」鄭氏箋注曰：「幠，敖慢也。」凡此言幠與憮字，音既不同，義亦相遠。《前漢·五行志》曰：「古之爲享食也，以觀威儀省禍福也。故《詩》曰：『兕觥其觩，旨酒思柔。匪儌匪傲，萬福來求。』」顔師古曰：「不徼幸，不慠慢也。」觀國按：《毛詩》言「彼交匪敖」，而《漢書》乃曰「匪儌匪傲」，蓋班固所引者，别本《詩》，非《毛公詩》，故其用字有不同也。

溢鎰

《史記·平準書》曰：「漢興，接秦之弊。」「米至石萬錢，馬一匹則百金。」臣瓚曰：「秦以一溢爲一金，漢以一斤爲一金。」《前漢·食貨志》曰：「秦兼天下，幣爲二等。黄金以溢爲名，上幣。」孟康注曰：「二十兩曰溢。」顔師古注曰：「改周一斤之制，以溢爲金之名數也。」又《食貨志》曰：「漢興，黄金一斤。」顔師古注曰：「改周之制，更以斤名金。」觀國以《史記》、《漢志》之言觀之，蓋謂周以斤名金，秦以溢名金，而漢復周之制，以斤名金也。二十兩爲溢，十六兩爲斤。秦以溢名金，則一溢爲二十兩；漢以斤名金，則一斤爲十六兩矣。《廣韻》曰：「溢音逸，器滿也。」鎰亦音逸，引《國語》曰：「二十四兩爲鎰。」蓋溢者，洋溢、滿盛也。鎰者，名數也。名金當用鎰字，而《史記》、《漢書》用溢字者，假借用之耳。陳臻問于孟子曰：「前日于齊，王餽兼金一百而不受；于宋，餽七十鎰而受；于薛，餽五十鎰而受。」《國語》、《孟子》用鎰字，乃其本也。《禮記·喪大記》篇曰：「朝一溢米，莫一溢米。」鄭氏注曰：「二十兩曰溢。于粟米之法，一溢爲米一升二十四分升之一。」《禮記》，漢人所集，亦用溢字，與《史記》、《漢書》同也。《國語》以二十四兩爲鎰，而《史》、《漢》諸家注訓皆以二十兩爲鎰，豈非周、秦之制不同歟？《前漢·張良傳》曰：「漢元年，沛公爲漢王。」「賜良金百溢。」亦以溢爲名者，當是時，漢未改金制故也。而《國語》、《孟子》亦以鎰名金，以此知周亦以鎰名金，不特秦而已。漢高祖三年，與陳平黄金四萬斤，以閒疏楚君臣。《史記·趙世家》曰：「燕王令丞相栗腹約驩，以五百金爲趙王酒。」《史記·貨殖傳》曰：陶朱公「十九年之中，三致千金」。又曰：「販脂，辱處也，而雍伯千金。」漢以一斤爲一金，若五百金，則五百斤金也，千金則千斤金也。《漢·灌夫傳》言「萬金良藥」者，其價值黄金萬斤也，此其例也。

精舍

《晉書》，孝武「帝初奉佛法，立舍于殿内，引沙門居之」，因此世俗謂佛寺爲精舍。觀國按：古之儒者教授生徒，其所居之舍皆謂之精舍，故《後漢·包咸傳》曰：「咸住東海，立精舍講授。」又《劉淑傳》曰：「淑少明五經，隱居，立精舍講授。」又《檀敷傳》曰：敷舉辟不就，「立精舍教授」。又《姜肱傳》曰，肱道遇寇，兄弟爭死，盜感悔，乃就精廬求見。章懷太子注曰：「精廬【七】，即精舍也。」以此觀之，則精舍本爲儒士設，至晉孝武立精舍以居沙門，亦謂之精舍，非有儒釋之别也。《伯兮》詩曰：「焉得諼草，言樹之背。」毛氏訓

【七】精廬　「廬」原作「盧」，據《四庫全書》本改。

曰：「諼草令人忘憂。」諼本爲萱，故古今皆謂萱草忘憂也。然《春秋》昭公二十年《左氏傳》曰：「惟食忘憂。」《晉書·祖約傳》曰：「奕棊忘憂。」又《顧榮傳》曰：「酒可以忘憂。」則忘憂之物固多端，不特萱草而已也。《黄鳥》哀三良，乃秦子車氏之三子奄息、仲行、鍼虎，而《春秋》僖公二十四年《左氏傳》曰：鄭有三良，叔詹、堵叔、師叔。則言三良者，不可不分秦、鄭矣。《史記》，樗里子滑稽多智，秦人號曰「智囊」，而漢鼂錯以辨爲太子家令，號「智囊」，則智囊有秦、漢之别也。後漢李膺以聲名自高，士有被其容接者，名爲「登龍門」，而《南史·袁昂傳》曰：「入其門者，號登龍門。」晉謝安在官，無當時譽，去後爲人所思，而樂廣所在爲政，無當時功譽，每去職，遺愛爲人所思。後漢逸民戴良母喜驢鳴，良時學之以樂母，而晉孫楚好驢鳴。晉羊曼爲太山守，時號「黯伯」，而唐常衮爲宰相，世謂之「黯伯」。凡此，皆名同而實異者也，援引之際，當有以别之。

肺附

《前漢·劉向傳》，上封事曰：「臣幸得託肺附，誠見陰陽不調，不敢不通所聞。」顔師古注：「舊解云肺附，謂肝肺相附著，猶言心膂也。一説肺謂斫木之肺札也，自言于帝室，猶肺札附于大材木也。」又《田蚡傳》曰：「上初即位，富于春秋，蚡以肺附爲相。」又曰：「天下幸而安樂無事，蚡得肺附。」又曰：「臣以肺附幸得待罪。」顔師古注同前。又

《師丹傳》曰，哀帝少在國邑，見外家王氏僭盛，常邑邑。即位，多欲有所救正。封拜丁、傅，奪王氏權。丹上書曰：「肺附何患不富貴，不宜倉卒。」觀國按：《史記・惠景閒侯者年表》曰：孝惠、孝景「諸侯子弟若肺附。」又《前漢・王莽傳》曰：「臣莽伏自惟念，得託肺腑，獲爵土。」《蜀志・劉備傳》曰：備「肺腑枝葉，宗子藩翰」。以此觀之，則《劉向》、《田蚡》、《師丹傳》所言肺附，皆肺腑也，史家或假借作附字耳。肺腑謂國戚也，猶人之有肺腑，連繫相親也。劉向乃楚元王交之後，陽城侯德之子。田蚡乃景帝王皇后同母弟，武帝之舅氏。師丹所論者，戚里丁氏之家，王莽乃元后王家之子，皆國戚也，故皆言肺腑。在他人非國戚者，不可言也。

曹娥碑

《後漢・列女傳》曰：「孝女曹娥，會稽上虞人。」父溺死縣江，「不得屍。娥年十四，沿江號哭，晝夜不絶聲，旬有七日，投江而死。元嘉元年，縣長度尚改葬娥于江南，爲立碑焉。」章懷太子注引《會稽典録》曰，上虞長度尚弟子邯鄲淳，弱冠有異才，爲《曹娥碑》，操筆而成，無所點定。其後蔡邕又題八字曰：「黄絹幼婦，外孫虀臼。」《魏志》注引《語林》曰，楊脩爲魏主曹操主簿，至江南，讀《曹娥碑》，碑背有八字，詞曰「黄絹幼婦，外孫虀臼」。操不解，問脩曰：「卿知否？」脩曰：「知之。」操曰：「且勿言，待朕思之。」行三十里，乃得之。令脩解，曰：「黄絹，色絲。色絲，絶字。幼婦，少女。少女，妙字。外孫，女子。女子，好字。虀臼，受辛。受辛，辤字。」操曰：「一如朕意。」俗云有志無志，校三十里。觀國讀《南史》，劉顯幼聰敏，號神童。梁武帝時爲尚書郎【八】。有沙門訟田，帝大書曰：「卜下貝。」國諱，陟盈切。有司未辨，徧問莫知。顯曰：「卜貝文爲與上人【九】。」帝因忌其能，出之。楊脩亦以才能敏捷爲操所知，後操忌脩而殺之。《書》曰：「人之有技，若己有之。人之彦聖，其心好之，不啻如自其口出，是能容之。」魏、齊二主，于此有愧焉。

衍文

《君牙》曰：「夏暑雨，小民惟曰怨咨。」而《禮記・緇衣》篇引《書》曰：「夏日暑雨，小民惟曰怨咨。」日字，衍文也。《太甲》曰：「往省括于度。」而《緇衣》引《太甲》曰：「往省括于厥度。」厥字，衍文也。《太甲》曰：「自作孽，不可逭。」而《緇衣》引《太甲》曰：「自作孽，不可以逭。」以字，衍文也。《吕刑》曰：「播刑之迪。」而《緇衣》引《甫刑》曰：「播刑之不迪。」不字，衍文也。《君陳》曰：「未見聖，若弗克見。」而《緇衣》引《君陳》曰：「未見聖，若己弗克見。」己字，衍文也。《伐柯》詩曰：「伐柯如何？匪斧不克。取妻如何？匪媒不得。」而《禮記・坊記》篇引《詩》曰：「伐柯如之何？匪斧不克。取妻如之何？匪媒不得。」之字，衍文也。《易・无妄》卦六二：「不耕獲，不菑畬。」《坊

【八】梁武帝時爲尚書郎　「梁」原作「齊」，據《南史・劉顯傳》改。《南史・劉顯傳》載，劉顯梁天監初舉秀才。

【九】卜貝文爲與上人　「與」，《湖南叢書》爲「与」。

記》引《易》曰：「不耕穫，不菑畬，凶。」凶字，衍文也。《論語》曰：「貧而樂，富而好禮。」而《坊記》曰：「子云『貧而好樂，富而好禮。』」好字，衍文也。《吕刑》曰：「敬忌罔有擇言在身。」而《禮記·表記》篇引《甫刑》曰：「敬忌而罔有擇言在躬。」而字，衍文也。《秦誓》曰：「以保我子孫。」而《禮記·大學》篇引《秦誓》曰：「以能保我子孫。」能字，衍文也。《易大傳》曰：「天尊地卑，乾坤定矣。卑高以陳，貴賤位矣。動靜有常，剛柔斷矣。方以類聚，物以羣分，吉凶生矣。」而《禮記·樂記》篇曰：「天尊地卑，君臣位矣。卑高以陳，貴賤位矣。動靜有常，小大殊矣。方以類聚，物以羣分，則性命不同矣。」每異其下句者，衍文也。《堯典》：「二十有八載，帝乃殂落。」而《孟子》引《堯典》曰：「二十有八載，放勳乃殂落。」放勳字，衍文也。《大禹謨》曰：「夔夔齊慄，瞽亦允若。」而《孟子》引《書》曰：「夔夔齊慄，瞽瞍亦允若。」瞍字，衍文也。《伊訓》曰：「造攻自鳴條。」而《孟子》引《伊訓》曰：「天誅造攻自牧宫。」天誅字，衍文也。《康誥》曰：「暋不畏死，罔弗憝。」而《孟子》引《康誥》曰：「閔不畏死，凡民罔不譈。」凡民字，衍文也。《泰誓》曰：「有罪無罪，予曷敢有越厥志。」而《孟子》引《書》曰：「有罪無罪惟我在，天下曷敢有越厥志。」惟我在字，衍文也。《論語》曰：「惡紫之奪朱也，惡鄭聲之亂雅樂也，惡利口之覆邦家者。」而《孟子》引孔子曰：「惡利口，恐其亂信也；　惡鄭聲，恐其亂樂也；　惡紫，恐其亂朱也。」亂字、恐字，衍文也。《盤庚》曰：「若火之燎于原，不可嚮邇。」而《春秋》莊公十四年《左氏傳》引《商書》曰：「惡之易也，如火之燎于原，不可嚮邇。」惡之易也，衍文也。《采菽》詩曰：「平平左右，亦是率從。」而《春秋》襄公十一年《左氏傳》曰：「《詩》云：『便蕃左右，亦是帥從。』」便蕃字，衍文也。《仲虺之誥》曰：「取亂侮亡。」而《春秋》襄公十四年《左氏傳》引《仲虺》曰：「亡者侮之，亂者取之。」乃衍文也。

校勘記

卷八

詩重韻

杜子美《飲中八仙歌》曰「知章騎馬似乘船」，又曰「天子呼來不上船」；《歌》曰「眼花落井水底眠」，又曰「長安市上酒家眠」；《歌》曰「汝陽三斗始朝天」，又曰「舉觴白眼望青天」；《歌》曰「皎如玉樹臨風前」，又曰「蘇晉長齋繡佛前」，又曰「脱帽露頂玉公前」，此《歌》三十二句，而押二船字，二眠字，二天字，三前字。近時論詩者曰：「此歌自是八段，不嫌于重韻也。」觀國按：子美此詩以「飲中八仙歌」五字爲題，則是一歌。此歌首尾于船字韻中押，未嘗移别韻，則非分爲八段。蓋子美古律詩重用韻者亦多，况于歌乎！如《園人送瓜》詩曰「沈浮亂冰玉，愛惜如芝草」。又曰「園人非故侯，種此何草草」。一篇押二草字也。《上後園山脚》詩曰「蓐收困用事，玄冥蔚强梁」。又曰「登高歌有往，蕩析川無梁」。一篇押二梁字也。《北征》詩曰「維時遭艱虞，朝野少暇日」。又曰「老夫情懷惡，嘔泄卧數日」。一篇押二日字也。《夔府詠懷》詩曰「雖云隔禮數，不敢墜周旋」。又曰「淡交隨聚散，澤國遶回旋」。一篇押二旋字也。《贈李八秘書》詩曰「事殊迎代邸，喜異賞朱虛」。又曰「風煙巫峽遠，臺榭楚宮虛」。一篇押二虛字也。《贈李邕》詩曰「放逐早聯翩，低垂困炎厲」。又曰「哀贈終蕭條，恩波延揭厲」。一篇押二厲字也。《贈汝陽王》詩曰「自多親棣萼，誰敢問山陵」。又曰「鴻寶寧全祕，丹梯庶可陵」。一篇押二陵字也。《喜薛璩岑參遷官》詩曰「棲遑分半菽，浩蕩逐流萍」。又曰「仰思調玉燭，誰定握青萍【二】」。一篇押二萍字也。《寄賈岳州嚴巴州兩閣老》詩曰「討胡愁李廣，奉使待張騫」。又曰「如公盡雄雋，志在必騰騫」。一篇押二騫字也。子美詩如此類甚多，雖然，子美詩非剏意爲此者，蓋有所本也。按《文選》載古詩曰「晨風懷苦心，蟋蟀傷局促」。又曰「音響一何悲，絃急知柱促」。一篇押二促字。曹子建《美女篇》曰「明珠交玉體，珊瑚閒木難」。又曰「佳人慕高義，求賢良獨難」。一篇押二難字。謝靈運《述祖德》詩曰「段生蕃魏國，展季救魯人」。又曰「惠物辭所賞，厲志故絶人」。一篇押二人字。又《南園》詩曰「樵隱俱在山，由來事不同」。又曰「賞心不可忘，妙善異皆同」。一篇押二同字。又《初去郡》詩曰「或可優貪競，豈足稱達生」。又曰「畢娶類尚子，薄遊似邴生」。一篇押二生字。陸士衡《擬古》詩曰「此思亦何思，思君徽與音」。又曰「驚飈褰友信，歸雲難寄音」。一篇押二音字。又《豫章行》「汎舟清川渚，遥望高山陰」。又曰「寄世將幾何，日昃無停陰」。一篇押二陰字。阮嗣宗《詠懷》詩曰「如何當路子，磬折忘所歸」。又曰「黄鵠游四海，中路將安歸」。一篇押二歸字。江淹《雜體》詩曰「韓公淪賣藥，梅福隱市門」。

【二】誰定握青萍　「握」原作「掘」，據武英殿聚珍本和《四庫全書》本改。

又曰「太平多歡娱，飛蓋東都門」。一篇押二門字。王仲宣《從軍》詩曰「連舫踰萬艘，帶甲千萬人」。又曰「我有素餐責，誠愧伐檀人」。一篇押二人字。古人詩自有此體格，杜子美亦傚古人之作耳。韓退之《贈張籍》詩，一篇二更字，二陽字。又《岳陽樓别竇司直》詩押二何字。又《李花》詩押二花字。又《雙鳥》詩押二州字，二頭字，二秋字，二休字。又《和盧郎中送盤谷子》詩押二行字。又《示爽》詩押二愁字。又《叉魚》詩押二銷字，《寄孟郊》詩押二奥字，《此日足可惜》詩押二光字。白樂天《渭村退居》詩押二房字，《夢游春》詩押二復字，《元微之》詩押二夷字，《出守杭州路次藍溪》詩押二水字，《游悟真寺》詩押二槃字。其餘詩人如此疊用韻者甚多，不可具舉。意到即押耳，奚獨于《飲中八仙歌》而致怪耶？蘇子瞻《送江公著》詩曰「忽憶釣臺歸洗耳」，又曰「亦念人生行樂耳」，子瞻自注曰：「二耳義不同，故得重用。」蓋子瞻自不必注。

李杜

李太白《宫詞》曰：「山花插寶髻，石竹繡羅衣。」杜子美《琴臺》詩曰：「野花留寶靨，蔓草見羅裙。」此相倣之句也。按太白《宫詞》乃開元盛時所撰，司馬相如琴臺在西蜀，子美《琴臺》詩乃天寶末避地西蜀時所撰，則子美倣太白之詞也。太白《宫詞》曰：「宫中誰第一，飛燕在昭陽。」子美《哀江頭》詩乃禄山陷京師後所作，亦子美倣太白之句也。

李、杜同時有詩名，然子美自負其氣，不下人，至于太白佳句，則子美反竊其意，蓋自古文士皆如此。「澄江淨如練」，謝玄暉佳句也，李太白曰：「解道澄江淨如練，令人卻憶謝玄暉。」而子美亦曰：「謝朓每篇堪諷誦。」蓋李、杜心服其人也。張祜有詩曰：「日月光先到，山河勢盡來。」祜嘗以此自負，然其實用陳後主所謂「日月光天德，山河壯帝居」者也。詩人蹈前塵，雖作者猶不免焉。

青精

杜子美《贈李白》詩曰：「豈無青精飯，使我顏色好。」注詩者曰：「《梁書·安成康王秀傳》：『或橡飯菁羹，惟日不足；或葭牆艾席，樂在其中。』」觀國按：菁菜爲羹，謂之菁羹。字書曰：菁，蔓菁也。《書》所謂菁茅，《禮》所謂菁葅，即此物也。子美詩蓋用道書中陶隱居《登真訣》，有乾石青精䭀飯法。䭀音迅，謂飧也。其法用南燭草水浸米蒸飯暴乾，其色青如鷖珠，食之可以延年卻老。此子美所謂青精飯也。《神農本草》木部有南燭枝葉，久服輕身長年，令人不飢，益顏色，取汁炊飯，又名黑飯草。在道書謂之南燭草水，在《本草》謂之南燭枝葉，蓋一物也。若以菁羹爲青精，則誤甚矣。又如古詩《陌上桑羅敷行》曰：「使君從南來，五馬立踟躕。」杜子美詩用「五馬」最多，注詩者引《陌上桑》「五馬」以釋之，非也。按《陌上桑》亦用「五馬」爲使君事者也。說者謂漢官儀，朝臣出使以駟馬，太守加一馬爲五馬。又謂《詩》：「孑孑干旟，在浚之都。素絲組之，良馬五之。」注云：「《周禮》：『州里建旟，謂州長之屬。』」因呼太守爲五馬。然《詩》云「良馬四之」，「良馬五之」，「良馬六之」，蓋言素絲紕組所見之數，非太守之五馬也。

杜鵑詩

杜子美《杜鵑》詩曰：「西川有杜鵑，東川無杜鵑。涪萬無杜鵑，雲安有杜鵑。」注詩者曰：「上四句非詩，乃題下自注，後人誤寫。」觀國詳此四句，非子美自注，皆詩也。自四句而下繼曰：「我昔游錦城，結廬錦水邊。有竹一頃餘，喬木上參天。」蓋鵑字繼之以邊字、天字爲韻，可以見矣。子美《絶句》詩曰：「前年渝州殺刺史，今年開州殺刺史。羣盗相隨劇虎狼，食人更肯留妻子。」此詩正與《杜鵑》詩相類，乃自是一格也。

陰鏗

或曰杜甫、李白同時，以詩名相軋，不能無毁譽。甫贈白詩曰：「李侯有佳句，往往似陰鏗。」此句乃所以鄙李白也。觀國按：子美《夔府詠懷寄鄭監李賓客》詩曰：「鄭李光時論，文章並我先。陰何尚清省，沈宋欻聯翩。」蓋謂陰鏗、何遜、沈約、宋玉也，四人皆能詩文，爲時所稱者，而子美又以陰鏗居四人之首，則知贈太白之詩非鄙之也，乃深美之也。《陳書·阮卓傳》曰：「武威陰鏗，字子堅。五歲能誦詩賦，日千言。及長，博涉史傳，尤善五言詩，爲當時所重。有集三卷行于世。」以此觀之，則子美贈太白詩云「往往似陰鏗」者，乃美太白善爲五言詩似陰鏗也。

餐飧

小説《冷齋夜話》曰：「杜子美《彭衙行》押二餐、飧字韻。」觀國按：《彭衙行》曰：「小兒强解事，故索苦李餐。」又曰：「衆雛爛漫睡，唤起霑盤飧。」然則子美押餐、飧二字，音義不同，小説誤矣。餐，千安切。飧音孫。《伐檀》詩曰「不素餐兮」，又曰「不素飧兮」。《毛氏傳》云：「熟食曰飧。」《孟子》：「饔飧而治。」趙岐注云：「夕食曰飧。」蓋盤飧者，《春秋左傳》所謂「盤飧寘璧」者，故凡言盤飧，當皆用飧字，不當用餐字。按《廣韻》上平聲二十三魂字部中有飧字，二十五寒字部中有餐字。子美《彭衙行》于兩部中通押，蓋唐人詩文用韻如此。本朝始令禮部撮《廣韻》之要略者使學者用之，而限以獨用通用之文，故如餐、飧二字不得同韻而押矣。子美《示從孫濟》詩曰：「所來爲宗族，亦不爲盤餐。」《園》詩：「畦蔬遶茅屋，自足媚盤飧。」《贈孟氏》詩曰：「承顔胝手足，坐客强盤飧。」《别李義》詩曰：「努力慎風水，豈惟數盤飧。」此數詩或于魂字部中押，或于寒字部中押者，此所謂唐人用韻之例也。凡上有盤字，則餐當用飧字，而子美詩集中亦或用盤餐字者，當是傳寫刊字之譌，子美不應誤用字也。

大刀

杜子美《中秋月》詩曰：「滿目飛明鑑，歸心折大刀。」注詩者曰：「古詩『藁砧今何在？山上復有山。何當大刀頭，破鑑飛上天』，謂殘月也。」觀國按：古詩乃《古樂府》所載《藁砧》詩也。「藁砧」者，鈇也。「藁砧今何在」者，問夫何在也。「山上復有山」者，出也，言夫已出也。「大刀頭」者，鐶也。「何當大刀頭」者，何日當還也。「破鑑」者，月半也。「破鑑飛上天」者，言月半當還也。子美詩云「歸心折大刀」者，言雖有歸心而大刀折，則未能還也。注詩者初不曉其意，乃訓爲殘月，則誤矣。《古樂府》所載如《藁砧》詩者數篇，其取譬皆淺俚，故撰詩者不顯姓名，後人但以古詩稱之，江右又謂之風人詩。有「圍棊燒敗襖，看子故依然」之句。「圍棊」者，看子也。「燒敗襖」者，故衣然也。鮑明遠諸集中亦有一二篇謂之吴體。蓋自雅、頌不作，迄于魏、晉、南北朝以來，浮靡愈甚，始有爲此態者，悉取閭閻鄙媟之語，比類而爲之。詩道淪喪，至于如此，誠可歎也。

井幹

謝玄暉《詠銅爵臺》詩曰：「繐幃飄井幹，尊酒若平生。」五臣注《文選》曰：「銅爵臺，一名井幹樓。」觀國按：《史記》，始皇幽母咸陽宫，諫者輒殺于井幹闕下。又《史記》曰，漢武帝立井幹樓，高五十丈。《漢書·郊祀志》曰：「武帝立井幹樓，高五十丈。」顔師古注曰：「井幹樓，積木而高爲樓，若井幹之形也。井幹者，井上木欄也，其形或四角，或八角。」然則秦爲井幹闕，而漢武帝爲井幹樓也。謝玄暉詩蓋言繐幃飄于銅爵臺上，若井幹之高也。魏武帝作銅爵臺，魏都鄴，銅爵臺在鄴中，而井幹樓在咸陽，銅爵臺未嘗有井幹之名，而五臣謂「一名井幹樓」者，誤矣。幹音寒，井幹又謂之銀牀，皆井欄也。古詩曰「後園鑿井銀作牀」，杜子美詩曰「露井凍銀牀」是也。魏武帝遺令施繐帳于銅爵臺上，朝晡設脯糒之屬，向帳作妓樂，望吾西陵。故謝玄暉詩云「樽酒若平生」者，謂此也。

餳餻

劉禹錫《嘉話》曰：「爲詩用僻字，須有來處。宋考功詩云：『馬上逢寒食，春來不見餳。』嘗疑此餳字，因讀《毛詩》鄭氏箋説吹簫處，注云：『今賣餳家物。』《六經》惟此中有餳字。作重陽詩，欲押一餻字，徧尋無據，不敢用之。」觀國竊謂詩人押韻不出于《六經》者多矣，若必欲《六經》中取字爲韻，則詩人何其拘拘耶？餳字見于《周禮·春官·小師》，鄭氏注曰：「簫編小竹管，如今賣飴餳所吹者。」《儀禮》笙簫注中亦有之。餻字載于許慎《説文》、《方言》、《博雅》矣，夢得尚不之信，而必欲出于《六經》，則所慮過也。

月食詩

韓退之《月食》詩一篇大半用玉川子句。或者謂玉川子《月食》詩豪怪奇挺，退之所深歎服，故退之所作盡摘玉川子佳句而補成之。觀國竊以爲不然也。按退之《月食》詩題曰：「效玉川子作。」而詩中有以玉川子爲言者曰：「玉川子涕泗下，中庭獨自行。」又曰：「玉川子立于庭而言曰：『地下賤臣仝，再拜敢告上天公。』」然則退之幾于代玉川子作也。玉川子詩雖豪放，然太怪險而不循詩家法度，退之乃摘其句而約之以禮，故退之詩中兩言玉川子，其意若曰「玉川子月食詩如此足矣」。故退之詩題曰「效玉川子作」，此退之之深意也。不然，則退之豈不能自爲《月食》詩，而必用玉川子句然後能成詩耶？若謂退之自爲《月食》詩，則詩中用玉川子涕泗告天公，又非其類矣。

冬至

杜子美《至日遣興》詩曰：「何人錯憶窮愁日，愁日愁隨一線長。」注詩者曰：「引《歲時記》云：『宮中以紅線量日影，至日日影添一線。』」又《至後》詩曰：「冬至至後日初長，遠在劍南思洛陽。」注詩者曰：「晉、魏閒，宮中以紅線量日影，冬至後添長一線。」然文士多用一線爲繡工之線，蓋以冬至後繡工可添一線也。柳耆卿樂章曰「繡工日永」

是也。《荆楚歲時記》多穿鑿不可信。又文士用書雲爲冬至事。按《春秋》僖公五年《左氏傳》曰：「凡分、至、啟、閉，必書雲物，爲備故也。」杜預注曰：「分，春、秋分也。至，冬、夏至也。啟，立春、立夏。閉，立秋、立冬。雲物，氣色天變也。」「素察妖祥，逆爲之備。」然則書雲物在八節之日，不特冬至而已。冬至雖亦預書雲之日，然獨言書雲而不言冬至，則泛而不切，當先敍冬至之日，然後用書雲，始得事之實。

改字

杜子美《寓居同谷縣》詩曰：「黄獨無苗山雪盛，短衣數挽不掩脛。」或改「黄獨」爲「黄精」。按「黄獨」即《神農本草》所謂赭魁是也。赭魁亦名黄獨，江南人謂之土卵，形如芋，蒸食之可充飢。子美《太平寺泉眼》詩曰：「三春濕黄精，一食生毛羽。」又《丈人山》詩曰：「掃除白髮黄精在，君看他時冰雪容。」此子美所用黄精字也。後之淺見者遂改「黄獨」爲「黄精」耳。又「江蓮摇白羽，天棘蔓青絲」，今改「蔓」爲「夢」。蓋天門冬亦名天棘，其苗蔓生，好纏竹木上，葉細如青絲，寺院亭檻中多植之可觀。後人既改「蔓」爲「夢」，又釋天棘以爲柳，皆非也。子美詩集少善本，良以妄庸輩改之耳。如淵明之「採菊東籬下，悠然見南山」，而或改「見」爲「望」。杜荀鶴之「燒葉爐中無宿火，讀書窗下有殘燈」，而或改「葉」爲「藥」。王平甫之「春殘葉密花枝少，睡起茶親酒盞疎」，而或改「親」

字爲「多」。一字之改，清濁遼隔。前賢詩文爲人所改，如此類多矣。

對屬

杜子美《田舍》詩：「欅柳枝枝弱，枇杷對對香。」或説欅柳者，柳之一種，其名爲欅柳，非雙聲字也，枇杷乃雙聲字，欅柳不可以對枇杷。觀國按：子美此詩題曰《田舍》，則當在田舍時偶見欅柳、枇杷，蓋所見景物如此，乃以爲對耳。子美《覓松苗子》詩曰：「落落出羣非欅柳，青青不朽豈楊梅。」以欅柳對楊梅，乃正對也。然則以欅柳對枇杷，非誤也。子美《寄高詹事》詩曰：「天上鳴鴻鴈，池中足鯉魚。」鴻、鴈二物也，鯉者，魚之一種，其名爲鯉，疑不可以對鴻鴈。然《懷李白》詩曰：「鴻鴈幾時到，江湖秋水多。」則以鴻鴈對江湖，爲正對矣。又《得舍弟消息》詩曰：「浪傳烏鵲喜，深得鶺鴒詩。」烏與鵲二物，疑不可以對鶺鴒。然《偶題》詩曰：「音書恨烏鵲，號怒怪熊羆。」則以烏鵲對熊羆，爲正對矣。又《寄李白》詩曰：「幾年遭鵩鳥，獨泣向麒麟。」鵩鳥，鳥之名鵩者，疑不可以對麒麟。然《寄賈岳州嚴巴州兩閣老》詩曰：「貔虎開金甲，麒麟受玉鞭。」則貔虎對麒麟，爲正對矣。而《哭韋之晉》詩曰：「鵩鳥長沙諱，犀牛蜀郡憐。」以鵩鳥對犀牛，亦爲正對矣。子美豈不知對偶之偏正耶？蓋其縱横出入，無不合也。

胡笳

秦再思《紀異録》曰:「琴譜《胡笳曲》者,本昭君見胡人卷蘆葉而吹之,昭君感之,爲製曲,凡十八拍。」觀國按:《後漢·列女傳》,董祀妻,蔡邕女也,名琰,字文姬。博學有才辨。適衛仲道,夫亡,無子。興平中喪亂,文姬爲胡騎所獲,在胡中十二年。曹操素與邕善,痛其無嗣,乃遣使以金璧贖之而嫁于祀。後感傷亂離,作詩二章,辭皆載在本《傳》。今世所傳《胡笳十八拍》,亦或用文姬詩中語,蓋非文姬所撰,乃後人撰以詠文姬也。小説謂昭君製曲,則誤矣。王荆公作集句《胡笳十八拍》,首言「中郎有女能傳業,顔色如華命如葉」者,亦詠蔡文姬也。王昭君未嘗有曲傳于世。

霓

《南史》沈約《郊居賦》有「雌霓連蜷」之句,注曰:「霓,五結切。」蓋與齧同音也。范蜀公召試用彩霓字,作平聲,考試者引《郊居賦》以爲證,于是止除館閣校勘。觀國詳攷霓字雖有倪、齧兩音,然文字用倪音多而用齧音少。若專用雌霓,則當音齧,若泛用霓字,則倪、齧兩音可通用,但取平仄順而已。杜子美《石龕》詩曰:「驅車石龕下,仲冬見虹霓。」于迷字韻中押。又《滕王亭子》詩曰:「尚思歌吹入,千騎把霓旌。」凡此類皆作平聲用霓字也。然則范蜀公用彩霓字，是泛用霓字，讀作平聲，何傷也？張平子《東京賦》曰：「郎將司階，虎戟交鎩，龍輅充庭，雲旗拂霓。」何平叔《景福殿賦》曰：「高甍崔嵬，飛宇承霓，緜蠻黮䨴，隨雲融泄。」凡此用霓字，其上雖無雌字，然皆于入聲韻中押之，則自然讀音齧矣。《前漢·天文志》曰：「抱珥蝱蜺。」如淳注曰：「蜺讀曰齧，雄爲虹，雌爲蜺。蝱或作虹。」故張平子《西京賦》曰：「亘雄虹之長梁。」而沈約《郊居賦》則用雌霓，蓋義皆如《漢書·天文志》注也。

欸乃

元次山《欸乃曲》曰：「千里楓林煙雨深，無朝無暮有猿吟。停橈靜聽曲中意，好是雲山韶濩音。」「零陵郡北湘水東，浯溪形勝滿湘中。溪口石顛堪自逸，誰人相伴作漁翁」。柳子厚《漁父》詩曰：「漁翁夜傍西巖宿，曉汲清湘然楚竹。煙銷日出不見人，欸乃一聲山水渌。」黄庭堅題曰：「元次山《欸乃曲》，欸音媪，乃音靄，湘中節歌聲。柳子厚《漁父》詞有『欸乃一聲山水渌』之句，誤書欸欠，少年多承誤妄用之，可笑。」觀國按：《廣韻》上聲，欸，于改切，相然譍也。然則欸音靄，乃音媪耳。今世所傳《柳子厚文集·漁父》詩作欸乃，又箋音于其下曰：「欸音襖，乃音靄。」蓋世之誤用字、誤切音者，皆自《柳子厚文集》始，蓋編類文集者之過也。

餄殍

杜牧《杜秋娘》詩曰：「厭飫不能餄。」沈存中曰：「餄乃餳耳，若作飲食當音飤。」觀國按：《南史·梁武帝紀》曰：有男子「于大衆中自割身以餄飢鳥」。晉王薈除吴國内史，時年饑粟貴，人多餓死，薈以私米作饘粥以餄餓者，所濟活甚衆。以此觀之，則餄雖餳也，至于詩文中言甘食之則謂之餄。所謂餄飢鳥者，使飢鳥甘食之也。所謂餄餓者，使餓者甘食之也。杜牧詩曰「厭飫不能餄」者，既厭飫矣，不能復甘食之也。杜牧詩用平聲怡字韻，而飤音嗣，存中欲以飤字當之，如之何其可也？存中又謂唐人以小詩著名而讀書滅裂，如白樂天《題座隅》詩云「俱化爲餓殍」，作孚音。觀國按：字書殍字兩音，一音芳無切，一音平表切，其義則皆餓死也。樂天于平聲押音孚，不誤矣。

筆談

杜子美《古柏行》曰：「霜皮溜雨四十圍，黛色參天二千尺。」存中《筆談》曰：「無乃太細長乎？」觀國按：子美《潼關吏》詩曰：「大城鐵不如，小城萬丈餘。」世豈有萬丈餘城耶？姑言其高耳。四十圍、二千尺者，姑言其高且大也。詩人之言當如此，而存中乃拘拘然以尺寸校之，則過矣。崔融《瓦松賦》曰：「謂之木也，訪山客而未詳。謂之草也，驗農皇而罕記。」段成式《酉陽雜俎》曰：「崔公博學」，「豈不知瓦松自有著説」？引梁簡文詩：「依簷映昔耶。」《筆談》曰：「段成式以昔耶爲瓦松，不知昔耶乃是垣衣，瓦松自名昨葉何草。」觀國按：陸　蒙《苔賦》曰：「高有瓦松，卑有澤葵。散巖竇者石髮，補空日者垣衣。在屋曰昔耶，在藥曰陟釐。」若然，則瓦松、垣衣、昔耶各是一物也。存中曰：「古文已字從一從亡，此乃貫通天地人，與王字同義。同中則爲王，或左右則爲已。」觀國按：　已字篆文爲　，而古文篆又爲　，篆乃象已字之形，而鋭其筆耳，非從一從亡也，亦非若王字之從三畫也。存中既誤析其偏旁，又誤訓曰「同中則爲王，或左右則爲已」，蓋不攷字書而爲臆説，殊礙理也。存中論詩，以爲前人有蹉對、假對之格，如「廚人具雞黍，稚子摘楊梅」，以雞對楊，爲假對。觀國按：存中意謂以雞對羊則爲真對，而以雞對楊爲假對耳。若然，則詩人用字惟取同音，而不顧義理之何如，豈不見笑于士林耶？存中又謂防風氏身廣九畝，長三丈。周室畝廣六尺，九畝乃五丈四尺，如防風氏之身，乃一餅餤耳。又謂韋楚老《蚊》詩曰「十幅紅綃圍夜玉」，十幅爲裀，方不及四五尺，何以伸足？　觀國竊謂此猶《史記·漢武帝紀》謂作建章宫，度爲千門萬户，故班固《西都賦》、杜牧《阿房宫賦》皆用千門萬户，第言門户之多。若以名數覈之，則户者，扉也，二户爲一門，千門萬户，則一門有十户矣。以此爲文誤，不可也。《詩》曰：「崧高維嶽，峻極于天。」第言嶽之高耳，豈果極于天耶？

物價

說者謂祖宗朝嘗問大臣唐時酒價，大臣對以一斗三百，引杜子美詩「速宜相就飲一斗，恰有三百青銅錢」爲據。觀國竊謂古今酒價視時而貴賤，方兵興多事及饑饉艱食，則酒價必貴，及時平則賤，此乃常理，固不可以一概論也。《唐書·食貨志》曰，乾元初，京師酒貴。蓋肅宗復兩京之後，不得不貴也。建中三年，禁民酤酒，官置肆釀酒，斛收直三千。貞元二年，天下置肆以酤者，斗酒錢百五十。蓋德宗時天下復富庶，故酒價不得不賤也。然則唐之酒價貴賤，豈有常耶？詩人之言，或夸大，或鄙小，本無定論。曹植《名都篇》曰：「歸來燕平樂，美酒斗十千。」此夸大之言也。設有問魏之酒價者，則以十千一斗對之耶？《前漢·昭帝紀》曰：始元六年，「賣酒升四錢。」蓋升四錢，則斗爲錢四十耳。《史記·平準書》：「漢興，接秦之弊。」「米至石萬錢，馬一匹則百金。」今按石萬錢者，米斗爲一千也。苟米斗一千，則斗酒賣錢四十，可乎？此所謂視時而貴賤者也。杜子美《鹽井》詩曰：「自公計三百，轉致斛六千。」夫物價低昂在反手之閒，豈有定也？古者百步爲畮，而漢時二百四十步爲畮。古者二十四兩爲溢，十六兩爲斤，秦以一溢爲一金，而漢以一斤爲一金。古人以黍定樂律，而用一稃二米者，欲其輕重大小均也。權衡度量，因黍纍之而後定，故同律度量衡者，欲其一體也。秦、漢以來，乃創爲制度，各自遵用，于是權衡度量皆不一矣，惟唐時權衡與今正合。按《唐書·食貨志》曰，武德四年，鑄「開元通寶」錢，重二銖四絫，積十錢重一兩，得輕重大小之中。開元二十年，詔所在加鑄「開元通寶」錢，以千錢重六斤四兩爲率，每錢重二銖四絫。今以「開元通寶」錢積千錢，亦爲今稱六斤四兩。以此觀之，唐之權衡與今合也，此言千錢者，足百錢也。唐自皇甫鎛爲墊錢法，至昭宗時定以八十爲一百。五代漢隱帝時，三司使王章每出官錢，以七十七爲一百，至今循之。《前漢·食貨志》曰：「刁閒起數千萬。」又曰：「臨菑姓偉訾五千萬。」又曰：「師史致十千萬。」又曰：「張長叔、薛子仲訾十千萬。」又曰：「樊嘉五千萬。」觀國按：此皆錢數也。五千萬者，五萬緡也，十千萬者，十萬緡也。秦、漢之際，井田廢未久，民無甚富者，故五千萬、十千萬在當時已爲甚富而史書之。《唐書·馬周傳》曰，周買佳宅，直二百萬。蓋百萬者，一千緡也，周在京師號佳宅者，不過二千緡，則當時錢重可知矣。《前漢》張釋之「以訾爲騎郎」，如淳注曰：「漢法，貲五百萬得爲常侍郎。」桑宏羊爲均輸令，吏人入粟補郎官至六百石。靈帝開鴻都門賣官，公千萬，卿五百萬，崔烈入錢得三公，曹嵩輸西園錢位至太尉。蓋千萬者，一萬緡也。五百萬者，五千緡也。夫以萬緡、五千緡而授人以公卿，則漢室之衰而不復振，雖五尺之童知之矣。

蹈襲

梁昭明太子作《陶淵明傳》曰：「潛自以曾祖晉世宰相，恥復屈身後代，自武帝王業漸隆，不復肯仕。所著文章，皆題其年月，義熙以前，明書晉氏年號，自永初以來，惟云甲子。」觀國按：宋受晉禪，歲在庚申。淵明以宋元嘉四年卒，歲在丁卯。考淵明所著，自《庚子從都還》至《丙辰歲下潠田舍穫稻》，其詩乃晉時所撰，亦止用甲子，未嘗須用年號也。蓋蕭統一時契勘之誤，後人遂以爲誠然。蘇子瞻《次韻謝子高讀淵明詩》曰：「甲子不數義熙前。」秦觀作《王儉論》亦引此事。蓋古人之言有不必循者。《楚詞》曰：「飡秋菊之落英。」觀國按：秋花不落、枝上自枯者，菊也，《楚詞》之言，于義未安。而蘇子瞻《次韻僧潛見贈》詩曰：「獨依古寺種秋菊，要伴騷人餐落英。」如《楚詞》之言，要當不必循也。王羲之《蘭亭序》亦文之可喜者，而不入《文選》，或者謂《序》用「天朗氣清」，乃秋語，非春致，又謂絲竹管絃爲重疊，故爲蕭統所不取。觀國詳《序》中語，皆不悖理，顧當時蕭統掄訪未盡耳。前人雄麗之文不在《選》者甚多，豈惟《蘭亭》而已哉！若據或者之謂，則《易傳》言「潤之以風雨」，不當以風爲潤矣。宋玉賦曰：「豈能料天地之高哉！」不當謂地爲高矣。《後漢》楊厚疏論耳目不明，不當謂耳爲明矣。或者之謂不攻自破。

雙聲疊韻

《南史·謝莊傳》曰：「王玄謨問莊：『何者爲雙聲？何者爲疊韻？』答曰：『炫護爲雙聲，磝碻爲疊韻。』」觀國按：古人以四聲爲切韻，紐以雙聲、疊韻，必以五音爲定，蓋謂東方喉聲爲木音，西方舌聲爲金音，南方齒聲爲火音，北方唇聲爲水音，中央牙聲爲土音也。雙聲者，同音而不同韻也。疊韻者，同音而又同韻也。炫、護同爲唇音，而二字不同韻，故謂之雙聲。磝、碻同爲牙音，而二字又同韻，故謂之疊韻。若彷彿、熠燿、騏驎、慷慨、咿喔、霢霂，皆雙聲也。若侏儒、曈曨、崆峒、巃嵸、螳蜋、滴瀝，皆疊韻也。《廣韻》曰：章灼、良略是雙聲，灼略、章良是疊韻。又曰，廳剔、靈歷是雙聲，剔歷、廳靈是疊韻。舉此例則諸音皆視此而紐之，可以定矣。沈存中論詩之用字曰：「『幾家村草裏，吹唱隔江聞』，幾家、村草對吹唱、隔江，皆雙聲也。」觀國按：村字是唇音，草字是齒音，吹字是唇音，唱字是齒音，此非同音字，不可謂之雙聲也。存中又曰：「『月影侵簪冷，江光逼履清』，侵簪、逼履皆疊韻也。」觀國按：侵字是唇音，簪字是齒音，逼字是唇音，履字是舌音，既非同音字，而逼、履二字又不同韻，不可謂之疊韻也。觀國按：李羣玉詩曰：「方穿詰曲崎嶇路，又聽鈎輈格磔聲。」詰曲、崎嶇乃雙聲也，鈎輈、格磔乃疊韻也。

詩文疑

《信南山》詩曰：「上天同雲，雨雪雰雰。」而張九齡《和聖製瑞雪》詩曰：「初瑞雪兮霏微，俄同雲之濛密。」其先後之序相反矣。杜牧之《華清宮》詩曰：「一騎紅塵妃子笑，無人知道荔枝來。」按唐明皇每歲十月幸華清宮，至明年三月始還京師。荔枝以夏秋之間熟，及其驛至，則妃子不在華清宮矣。牧之此詩頗爲當時所稱賞，而題爲《華清宮》詩，則意不合也。杜子美《壯遊》詩曰：「斯文崔魏徒，以我似班楊。」「備員竊補衮，憂憤心飛揚。」所謂班楊者，班固、揚雄也。然揚雄之先封于揚而得姓，乃從手之揚，非從木之楊，子美誤以班、揚爲從木之楊，後又押心飛揚，蓋可見也。又子美《夏日楊長寧宅送崔郎常正字入京》詩曰：「醉酒楊雄宅。」蓋子美因楊長寧宅餞飲而有此句，亦以從木之楊爲揚雄，亦誤矣。林逋處士有詩名，「草泥行郭索，雲木叫鉤輈」之句尤爲士人所歎美。郭索，蟹行也。鉤輈，俗謂山雞聲，極響厲。然鉤輈帖地飛，其止在草茅閒，不能登雲木也。梁昭明太子作《陶淵明文集序》，所謂「白璧微瑕」者，此類是耶？

四方

春夏秋冬，東南西北，此天序也。東西南北，先東西而後南北，此文言也。《書》曰，東作、南訛、西成、朔易。《周禮》六官，天、地、春、夏、秋、冬。《易》曰：「帝出乎《震》」，「相見乎《離》」，「説言乎《兑》」，「勞乎《坎》」。《春秋經》書春夏秋冬，《月令》以春夏秋冬爲次，此皆天序也。《檀弓》曰：「丘也，東西南北之人也。」《春秋》哀公二十九年《左氏傳》，子展曰：「東西南北，誰敢寧處？」揚雄《羽獵賦》曰：「東西南北，騁嗜奔欲。」杜甫詩曰：「甫也，東西南北之人也。」又曰：「愧爾東西南北人。」蓋東西爲緯，南北爲經；東西爲廣，南北爲袤；　東西爲横，南北爲從。　凡此皆文言也，故先東西而後南北。惟《文王有聲》詩曰：「自西自東，自南自北，無思不服。」乃先西而後東者，鎬京在西，武王于鎬京行辟廱之禮，而四方化服，自近以及遠，故先西而後東也。　若夫綴文之士，則錯舉無先後之序。　謝玄暉之《宣城》詩曰：「江路西南永，歸流東北騖。」陸士衡《擬古》詩曰：「牽牛西北回，織女東南顧。」又曰：「招摇西北指，天漢東南傾。」又《園葵》詩曰：「朝榮東北傾，夕潁西南晞。」杜子美《送舍弟歸藍田》詩曰：「東望西江永，南遊北户開。」又《送舍弟赴齊州》詩曰：「岷嶺南蠻北，徐關東海西。」又《懷古》詩曰：「支離東北風塵際，漂泊西南天地閒。」又《遺悶》詩曰：「西嶺紆村北，南江繞舍東。」凡此用四方亦皆文言，無先後之序也。

四聲譜

《南史・陸厥傳》曰，齊永明時，盛爲文章，沈約、謝朓、王融以氣類相推轂，周顒善識聲韻。約等文皆用宫商，將平上去入四聲，以此制韻，有平頭、上尾、蠭腰、鶴膝。五字之中，音韻悉異，兩句之内，角徵不同，不可增減。世呼爲「永明體」。《庾肩吾傳》曰：「齊永明中，王融、謝朓、沈約文章始用四聲，以爲新變。至是轉拘聲韻，彌爲麗靡，復踰往時。」《沈約傳》曰：「約撰《四聲》，以爲在昔詞人累千載而不悟，而獨得胸襟，窮其妙旨，自謂入神之作。梁武帝雅不好焉。嘗問周捨曰：『何謂四聲？』捨曰：『天子聖哲』是也。」觀國按：四聲切韻，始自齊、梁，雖云麗靡，而江左文章拘于聲調，氣格卑弱，間有作者，大抵類俳。《南史》曰：沈約論四聲，妙有詮辨，而諸賦亦往往與聲韻乖。然則約自謂窮其妙旨，而反致矛盾，何耶？陸法言論聲韻曰：「吴、楚則時傷輕淺，燕、趙則多傷重濁，秦、隴則去聲爲入，梁、益則平聲似去。」或參宫參羽，或半徵半商。以此觀之，則理致頗深，實難遽曉。隋、唐以來，始有律詩，綱格婉和，殆如樂律，愈于江左遠矣。而其餘文格，尚襲江左之風，雕礱磔裂，殊乏純古之音。韓愈學古文以救文敝，而不能丕變，故唐末五代之際，文氣彌弱也。雖總古今之字，不逃乎音切，固有即音切而知其字之義者，之乎切爲諸，而已切爲耳，如是切爲爾，何不切爲盍，不可切爲叵，此即音切而知其字之義也。下至閭閻鄙語，亦有以音切爲呼者，突鸞爲團，屈陸爲曲，鶻崙爲渾、鶻盧爲壺，忒瞧爲太，咳洛爲殻，凡此類，非有師學授習之也，其天成自然，莫知所以然者。沈約所謂入神，殆此類耶？

陬

張平子《南都賦》曰：「天封大狐，列山之陬，上平衍而廣蕩，下蒙籠而崎嶇。」五臣注《文選》曰：「陬，子侯反。」束皙《補亡白華》詩曰：「白華絳趺，在陵之陬。蒨蒨士子，涅而不渝。」五臣注《文選》曰：「陬，子侯反。」觀國按：字書，陬字，側留切，又子侯切，又子于切，蓋子侯、子于二切皆陬隅之義也。張平子賦陬字與崎嶇同韻，當讀作子于切，束皙詩陬字與渝字同韻，亦當讀作子于切，其義則陬隅也。而五臣皆音作子侯反，非也。左太沖《魏都賦》曰：「蠻陬夷落，譯導而通。」杜子美《送韋判官》詩曰：「西扼弱水道，南鎮枹罕陬。」與侯字同韻。凡此陬字，皆子侯切者也。或用作子于切，或用作子侯切，各順其韻耳。陬音側留切者，與郰、鄹、鄒、騶通用，乃魯地名也。《史記·孔子世家》曰：「孔子生魯昌平鄉陬邑。」《論語》曰：「孰謂鄹人之子知禮乎？」《史記·秦始皇紀》曰：「始皇上鄒嶧山。」又《孟子傳》曰：「孟軻，鄒人也。」以上皆一字也，其地即《漢書·地理志》魯國鄒縣，《孟子題辭》所謂「騶本春秋邾子之國」是也。《爾雅·釋天》曰：「正月爲陬。」《音義》曰：「陬，側留切。」《史記・曆書》曰「孟陬殄滅」是已。《離騷》曰：「攝提貞于孟陬【二】。」五臣注《文選》乃音陬爲子侯切，又誤也。《前漢・周亞夫傳》曰：「吴奔壁東南陬。」顔師古注曰：「陬音子侯反，又音鄒。」又《劉向傳》，向上封事曰：「曆失則攝提失方，孟陬無紀。」顔師古注曰：「陬，子侯反，又音鄒。」此兩《傳》顔師古皆説兩音。觀國按：東南陬子侯反是也，孟陬音鄒是也，師古説兩音者，不素别其義耳。凡不素别其義而遽爲之音訓，則不免于誤也。《周禮・哲簇氏》：「以方書十有二辰之號。」鄭氏注曰：「月謂從娵至荼。」《音義》曰：「娵，子須反。」觀國按：鄭氏引《爾雅》正月爲陬以釋之，而借用娵字耳。《音義》作子須反，亦誤矣。

銅斗

孟東野詩曰：「銅斗飲春酒，手拍銅斗歌。」觀國按：古未有以銅斗爲飲器者，惟《史記・趙世家》曰：「襄子北登夏屋，請代王，使廚人操銅料以食代王。」《前漢・王莽傳》曰：「鑄威斗，以銅爲之。」蓋廚人操銅斗者，食器也；威斗者，厭勝之器也，皆非飲酒之器。孟東野當時適有銅器，其狀方如斗，而東野特以貯酒而飲，又擊之以和歌聲，故自形于詩句，亦如杜子美以烏皮裹几而自形于詩曰「烏皮几在還思鄉」，又曰「拂拭烏皮几」，又曰「憑久烏皮綻」。子美又有《銅瓶》詩曰：「亂後碧井廢，時清瑶殿深。銅瓶未

【二】攝提貞于孟陬　「貞」原避宋仁宗諱作「正」。

失水，百丈有哀音。」觀此詩意，蓋汲水銅瓶也，子美適有之耳。凡物不以美惡，稍爲名士所稱，遂亦可貴。齊司徒景陵王子良遺何點嵇叔夜酒盃、徐景山酒鎗，晉謝安執蒲葵扇，王導以練製衣，此皆一類。所謂伯樂一顧，其價十倍也。

辟

杜子美《夜聽許十一誦詩》曰：「離索晚相逢，包蒙欣有擊。誦詩渾遊衍，四坐皆辟易。」又《八哀》詩曰：「潼關初潰散，萬乘猶辟易。偏裨無所施，元帥見手格。」觀國按：《前漢·項羽傳》曰：「楊喜追羽，「羽還叱之，喜人馬俱驚，辟易數里」。顏師古注曰：「辟易，謂開張而易其本處。辟，頻亦反。」蓋頻亦反者，讀音闢也，易其本處者，讀音奕也，凡言辟易者，當從此音。《前漢·景帝紀》，三年正月，濟王辟光舉兵反。顏師古注曰：「辟音璧，又音闢，其義兩通。」觀國按：其義雖兩通，而稱名則必呼一音焉。辟音璧者，辟除也。音闢者，辟開也。辟光有闢開光明之義，于此不可用璧音矣。《前漢·文帝紀》，二年三月，立趙幽王弟辟彊爲河閒王。顏師古注曰：「辟彊，言辟禦彊梁者，亦猶辟兵、辟火耳。辟音必亦反。彊音其良反。一説辟讀曰闢，彊讀曰疆。闢疆，言開土地也。引《賈誼書》曰：『衞侯朝于周，周行人問其名，衞侯曰：「辟疆。」行人曰：「啟疆、辟疆，天子之號也，諸侯弗得用。」更其名曰燬。』則其義兩説並通」。觀國按：《賈誼書》其説通，當從《誼書》讀辟爲闢，讀彊爲疆，居良反，又讀音疆。觀國按：一字兼通數音者，兼數音讀之無傷也。惟名與姓當專呼一音，而顏師古于辟光、辟彊皆説兩音而不決，豈有稱名而分兩音稱之哉？《揚子·法言》曰：「張辟彊之覺平、勃。」《音義》曰：「辟，必益切，又蒲必切。」亦説兩音者，彼見《漢書》説兩音矣，無所措其辭也。辟又與避通用，又與僻通用。《玉藻》曰：「素帶終辟，讀辟音裨。」乃假借也。

五木香

《古樂府》詩曰：「氍毹毾㲪五木香，迷迭艾蒳與都梁。」觀國按：《畫圖本草》引道書之青木香爲五木香，故古藥方有五香散，而其方中止用青木香，則五木香乃青木香也。《風俗通》曰：「織毛褥謂之氍毹。」《後漢·西域傳》：「天竺國有細布、毾㲪。」章懷太子注曰：「毛席。」然氍毹、毾㲪，皆蠻夷織毛之有文者，如氎、罽之屬也。曰迷迭，曰艾蒳，曰都梁，三者皆香名也。魏有迷迭樓，魏文帝有《迷迭賦》，皆取迷迭香爲名。《異物志》曰：「艾蒳葉似栟櫚而小，子似檳榔。」今《本草》中有艾蒳，注云是松上青衣者。蓋自是一物，非艾蒳也。艾蒳非中國物也。古詩曰：「博山罏中百和香，鬱金蘇合與都梁。」蓋謂鬱金香、蘇合香、都梁香也。然「氍毹毾㲪五木香，迷迭艾蒳與都梁」，凡六物皆蠻所産，非中國物也。漢制，尚書郎口含雞舌香，奏事明光殿。觀國按：雞舌香即母丁香也，亦名雞舌香耳。今以母丁香湯瀹去皮，其肉若卷荷狀，大如棗核。《本草》云：「能辟口氣，故奏事者用之。」《酉陽雜俎》曰：「一木五香，根旃檀，節沈香，花雞舌，葉藿，膠薰陸。」今按此五物乃五種，而謂一木五香者，誤甚矣。《本草》木部以沈香、薰陸香、雞舌香，藿香、詹糖香同爲一條，亦非也。藿香乃草類，其餘香是木類，亦各是一種，非同條之物也。

木蘭

文士用木蘭舟、蘭棹、蘭橈，無所經見，惟小説《述異記》曰：「江州有木蘭洲，魯班嘗于洲用木蘭造船，因謂之木蘭舟。」文士用木蘭舟自此始。觀國按：《畫圖本草》木蘭注文亦引《述異記》木蘭舟事，當止見于《述異記》，他書所不載也。屈平《九歌》曰：「桂棟兮蘭橑，辛夷楣兮葯房。」五臣注《文選》曰：「蘭、辛夷、葯，香草也。」今按橑者椽也，楣者門楣也。蘭橑者，以木蘭爲橑也。辛夷楣者，以辛夷木爲楣也。桂棟者，以桂木爲棟。凡此皆謂以木之有香者爲屋室也。五臣乃以蘭、辛夷爲香草，則誤矣。《九歌》又曰：「桂櫂兮蘭枻。」蓋枻者，船傍板也，以桂木爲櫂，以木蘭爲枻者也。《離騷》、《九歌》言蕙蘭、石蘭、椒蘭、幽蘭，皆蘭草也，惟蘭橑、蘭枻爲木蘭，而辛夷亦是木。《離騷》曰：「朝搴阰之木蘭兮。」又曰：「朝飲木蘭之墜露兮。」此正言木蘭也。揚子雲《甘泉賦》曰：「列辛夷于林薄。」五臣注《文選》曰：「辛夷，香草也。」亦誤矣。杜子美《偪仄行》曰：「辛夷始花亦已落。」韓退之《感春》詩：「辛夷花高最先開。」又曰：「辛夷花房忽全開。」王荆公詩曰：「回首辛夷木下行。」古人用辛夷爲文著矣，非香草也。

張祜宫詞

唐張祜有詩名，其宫詞曰：「故國三千里，深宫二十年。一聲何滿子，雙淚落君前。」當時人頗稱賞此詩，然後人讀之，多不曉其句意。唐人小説云，宣宗孟才人者，本東南人。入宫二十年，以善歌得寵。宣宗不豫，才人侍，帝使歌，才人歌《何滿子》，一聲而泣下。故祜《宫詞》專爲此發。當時人知其事者，無不以爲切當也。白樂天詩注云：「明皇時，有姓何名滿者，因事對獄，而案牘奏上，猶不免死。人憐爲作曲，名《何滿子》。」故白樂天詩曰「人言何滿是人名」，乃爲此也。張祜在宣宗大中時有詩名，《唐書·藝文志》有張祜詩一卷，注曰：「祜，字承吉，爲處士。」

半夜鐘

唐張繼詩曰【三】：「月落烏啼霜滿天，江楓漁火對愁眠。姑蘇城外寒山寺，夜半鐘聲到客船。」世疑夜半非鐘聲時。觀國按：《南史·文學傳》：「邱仲孚，吴興烏程人。少

【三】唐張繼詩曰　「張繼」原作「温庭筠」，據《四庫全書》本改。

好學，讀書常以中宵鐘鳴爲限。」然則夜半鐘固有之矣。邱仲孚，吴興人，而繼詩姑蘇城外寺【四】，則夜半鐘乃吴中舊事也。

茶詩

茶之佳品，摘造在社前，其次則火前，謂寒食前也。其下則雨前，謂穀雨前也。茶之佳品，其色白，若碧緑色者，乃常品也。茶之佳品，芽蘖微細，不可多得，若取數多者，皆常品也。茶之佳品，皆點啜之，其煎啜之者，皆常品也。齊己茶詩曰：「甘傳天下口，貴占火前名。」又曰：「高人愛惜藏巖裏，白硾封題寄火前。」丁謂茶詩曰：「開緘試火前，須寄遠山泉。」凡此言火前，蓋未知社前之品爲佳也。鄭谷嘗茶詩曰：「入坐半甌輕泛緑，開緘數片淺含黄。」鄭雲叟茶詩曰：「惟憂碧粉散，嘗見緑花生。」沈存中論茶，謂「黄金碾畔緑塵飛，碧玉甌中翠濤起」，宜改緑爲玉，改翠爲素，此論可也。而舉「一夜風吹一寸長」之句，以爲茶之精華發越，不必以雀舌鳥觜爲貴。今按茶至于一寸長，則其芽蘖大矣，非佳品也。存中以此論，曲矣。盧仝《茶歌》曰：「開緘宛見諫議面，手閲月團三百片。」薛能《謝劉相公寄茶》詩曰：「兩串春團敵夜光，名題天柱印維揚。」茶之佳品，珍踰金玉，未易多得，而以三百片惠盧仝，以兩串寄薛能者，皆下品可知也。齊己茶詩曰：「角開香滿室，爐動緑凝鐺。」丁謂茶詩曰：「末細烹還好，鐺新味更全。」此皆煎茶啜之也。煎茶啜

【四】而繼詩姑蘇城外寺　「繼」原作「庭筠」，據《四庫全書》本改。

之者，非佳品矣。唐人于茶雖有陸羽爲之説，而持論未精。至本朝蔡君謨《茶録》，則持論精矣。以《茶録》而覈前賢之詩，皆未有知佳味者也。

卷九

饗

饗字亦音香，詳觀《詩》中饗字，以音韻協之，當音香。《烈祖》詩曰：「自天降康，豐年穰穰。來格來饗，降福無疆。顧予烝嘗，湯孫之將。」《楚茨》詩曰：「祝祭於祊，祀事孔明。先祖是皇，神保是饗。」《豳》詩曰：「九月肅霜，十月滌場。朋酒斯饗，曰殺羔羊。」凡此詩詞，以上下文音韻協之，當讀饗爲香。緣陸德明未嘗稽攷至此，而于釋文不載，故後學但以上聲讀之也。按《前漢·禮樂志·樂歌》曰：「闢流離，抑不祥，賓百僚，山河饗。」此以平聲用饗字者也。又曰：「告靈既饗，德音孔臧。惟德之臧，建侯之常。」亦以平聲用饗字也。張平子《東京賦》曰：「萬舞奕奕，鐘鼓喤喤。靈祖皇考，來顧來饗。神具醉止，降福穰穰。」此亦以平聲用饗字也。饗亦通用享字，古人於享字亦或平聲用。《前漢·禮樂志·郊祀》詩曰：「發梁揚羽申以商，造兹新音永久長。聲氣遠條鳳鳥翔，神夕掩虞蓋孔享。」此以平聲用享字也。古人如此類用字者甚多。《後漢·靈帝紀》贊曰：「徵亡備兆，《小雅》盡缺。麋鹿霜露，遂棲宫衞。」此以入聲用衞字也。曹子建《贈丁翼》詩曰：「吾與二三子，曲宴此城隅。秦箏發西氣，齊瑟揚東謳。」此以驅音用謳字也。劉公幹《雜詩》曰：「方塘含白水，中有鳧與鴈。安得肅肅羽，從爾游波瀾。」此以去聲用瀾字也。陸士衡《樂府》曰：「親友多零落，舊齒多彫喪。市朝互遷易，城闕或邱荒。」此以平聲用喪字也。又士衡《爲顧彦先贈婦》詩曰：「辭家遠行游，悠悠三千里。京洛多風塵，素衣化爲緇。」此以上聲用緇字也。左太沖《雜詩》曰：「高志局四海，塊然守空堂。壯志不恒居，歲暮常慨慷。」此以平聲用慷字也。顔延年《登巴陵城樓》詩曰：「水國周地險，河山信重複。卻倚雲夢林，前瞻京臺囿。」此以入聲用囿字也。又《赭白馬賦》曰：「總六服以收賢，掩七戎而得駿。代驂象輿，歷配勾陳。」此以去聲用陳字也。劉越石《答盧諶》詩曰：「握中有玄璧，本自荆山璆。惟彼太公望，昔在渭濱叟。」此以平聲用叟字也。江淹《望荆山》詩曰：「寒郊無留影，秋月垂清光。悲風繞重林，雲霞肅川漲。」此以平聲用漲字也。杜子美《衡山縣學》詩曰：「耳聞讀書聲，殺伐災髣髴。」于地字韻中押，則以髴作沸字用也。韓退之《答孟郊江漢》詩曰：「終宵處幽室，華燭光爛爛。」于艱字韻中押，則以爛作闌音用也。詩人如此類用字不可勝紀，姑舉其略。

於戲

王言多用於戲二字，乃於乎二字也。俗讀戲爲嬉，則誤矣。按字書，於、烏、嗚三字通用，又乎、虖、呼、嘑、戲五字通用。《史記·世家·齊王策》曰：「於戲！小子閎，受茲青社。」《燕王策》曰：「於戲！小子旦，受茲玄社。」《廣陵王策》曰：「於戲！小子胥，受茲赤社。」《大雅·抑》詩曰：「於乎小子，未知臧否。」「於乎小子，告爾舊止。」《史記》册文乃用《詩》辭也。《烈文》詩曰：「於乎前王不忘。」而《禮記·大學》引《詩》曰：「於戲前王不忘。」然則「於戲」爲「於乎」字可知矣。《前漢·武五子列傳》載齊王、燕王、廣陵王策文，乃變「於戲」爲「嗚呼」。《王莽傳》加九錫文曰：「於戲！豈不休哉！」顔師古注曰：「於戲讀曰嗚呼。」蓋於乎者，歎戒之辭也。若讀戲爲嬉，則是嬉樂之義，非歎戒之辭矣。《廣韻》於字注曰：「古作於戲，今作嗚呼。」蓋譯篆爲隸者，變爲「嗚呼」字耳。惟《尚書》諸篇並用「嗚呼」字，乃孔安國作《尚書傳》時無識科斗古文者，而以隸古定之。唐文皇不好隸古，而以今文寫之，遂一切用「嗚呼」字，非古也。

敕

敕字亦作勅，此詔勅之字敕，不若勅之從力，則順于行草書而美看，故古今寫敕字惟用從力之勅。然世俗寫東字、來字並作来形，如棗字作枽，萊字作莱之類是也。寫勅爲勑者，蓋俗書變東爲来也，而楷書者不察其由，遂直書來字作勑，則誤矣。許氏《説文》、《玉篇》、《廣韻》勑字皆音賚，無他音，惟《集韻》來字韻中有勑字，又于敕字下收勑字，注曰：「相承用作敕字。」蓋言相承用，則元非敕字，世俗自妄用之耳。《集韻》本朝所修，當明言用勑字之非，而不能決判，反有相承用之説，《集韻》誤矣。其實勑字止音來、賚二音，非敕字也。《前漢・成帝紀》曰：「申敕有司以漸禁之。」又《食貨志》曰：「屢敕有司以農爲務。」又《元后傳》曰：「敕令親屬引領以避丁、傅。」《南史・梁元帝紀》曰：「帝敕有司，即日取數千萬錢。」又《周興嗣傳》曰：「武帝以三橋舊宅爲光宅寺，敕興嗣與陸倕各製寺碑。」《唐書・韋温傳》曰：「后敕温盡總内外兵守省中。」《韋庶人傳》曰：「墨敕斜封出矣。」《劉幽求傳》曰：「號令詔敕一出其手。」史家多用敕字，蓋知勑字之非也。惟《後漢書》並用勑字，蓋范蔚宗商搉未至耳。

汜氾汎

汜音祀，氾音泛，汎音凡，又音泛，此三字俗多疑混。按字書，汜從水從巳，於篆文爲　。《詩》曰：「江有汜。」許慎《説文》曰：「水别復入爲汜。」河南有汜水，有汜水關，是也。氾，從水從㔾，于篆文爲　，　音憾，函字、含字、范字皆從　，蓋氾濫也。亦姓也。汎從水從凡，於篆文爲　，亦作泛。此三字偏旁不同，音義亦異。《春秋》僖公十九年《左氏傳》曰：「王出適鄭，處于氾。」杜預注曰：「鄭，南氾也。」陸德明《音義》曰：「氾音凡。」又僖公三十年《左氏傳》，晉侯、秦伯圍鄭，秦軍氾南。杜預注曰：「氾南在滎陽中牟縣南【一】。」陸德明《音義》曰：「氾音凡。」又襄公二十六年《左氏傳》曰：「楚子伐鄭，涉于氾而歸。」陸德明《音義》曰：「氾音凡。」又昭公五年《左氏傳》曰：「鄭伯勞子蕩于氾。」陸德明《音義》曰：「氾音凡。」又成公四年《左氏傳》，晉救許伐鄭，取氾祭。杜預注曰：「氾祭，鄭地，成皋縣東有氾水。」陸德明《音義》曰：「氾音凡，或音祀。」觀國按：《後漢·郡國志》，河南郡有氾水，杜預或言中牟南，或言成皋東，其實即氾水一水也，音祀是也，音凡非也。音凡者自是一水，不在鄭地。陸德明不能分别，乃于《春秋》成公四年「取氾祭」既音凡，又音祀，存兩音，非也。《前漢·高祖紀》曰：「漢果挑成皋戰，楚軍不出，使人辱之數日，大司馬咎怒，渡兵氾水。」顔師古注曰：「此水舊音凡，今呼音祀。」按此氾水乃河南氾水音祀者也，顔師古見陸德明釋《春秋左傳》皆音氾作凡，師古亦不能分别，乃曰「此水舊音凡，今呼祀」，亦存兩音，則非也。夫字音期于當而已，豈有舊音某而今音某者耶？惟其存兩音而不能決，故後學莫之適從也。氾音泛，又爲姓，漢有氾勝之子輯爲燉煌太守是也。汎音凡者，河内有汎亭。《春秋》隱公七年「冬，天王使凡伯來聘」。杜預注曰：「凡，周卿士。凡伯，爵也。」汲郡共縣東南有凡城。《後漢·郡國志》曰：「河南郡有汎亭。」章懷太子注曰：「凡，伯國也。」然則汎音凡，在河内。氾音祀，在河南。不相亂也。《前漢·張良傳》曰：「良常閒從容步游下邳圯上。」服虔注曰：「圯音頤，楚人謂橋曰圯。」應劭注曰：「氾水之上也。」文穎注曰：「沂水上橋也。」顔師古注

【一】氾南在滎陽中牟縣南　「滎」原作「榮」，據《四庫全書》本和今本《左傳》改。

曰：「下邳之水，非汜水，又非沂水。」觀國按：許慎《説文》曰：「東楚謂橋曰圯，音頤。」今傳寫《漢書》者或改圯爲汜，蓋誤也。

无亡無

「无」亦作「亡」，自古只用此二字，至秦時始用「無」字爲「有無」之字。按「無」字篆文偏旁有「蕃庶」之義，而不見「有無」之義。許慎《説文》曰：「無，文甫切。」今借爲有無字。《玉篇》曰：「森，文甫切。繁森，豐盛也。」今爲有無字。徐鉉修《字義》曰：「古本《尚書》庶草蕃無。」後人變「無」爲「廡」。蓋「廡」乃廊廡也，无繁盛之義。以此觀之，則「無」字乃秦以來始用爲有无字，非古也。古之經書乃篆文，秦變篆爲隸，多改其字形。《詩》、《書》、《周禮》、《春秋》、《禮記》、《儀禮》、《論語》等皆用「無」字，乃變篆爲隸者改之也。惟《周易》首尾盡用「无」字，蓋變隸時偶不曾改也。至于「亡」字，亦多有存而不改者。《周禮》曰：「亡者使有。」又曰：「害者使亡。」《春秋左氏傳》曰：「其貴亡矣，其寵弃矣。」《論語》曰：「有若亡。」又曰：「亡而爲有。」又曰：「人皆有兄弟，我獨亡。」又曰：「日知其所亡。」又曰：「焉能爲亡。」又曰：「不如諸夏之亡也。」《孟子》曰：「若夫君子所患則亡矣。」以上「亡」字皆「无」字也，獨此不改爲「無」者，蓋變隸者誤讀爲「存亡」之「亡」，故存而不改也。史書亦多用「亡」爲「無」，《漢書》曰：「漢亡尺寸之階。」又曰：「内亡骨肉本根之輔，外亡尺土藩翼之衛。」又曰：「朝亡廢官，邑亡敖民，地亡曠土，國亡捐瘠。」司馬相如《子虚賦》曰：「亡是公者，亡是人也。」賈山曰：「錢者，亡用器也。」翟方進曰：「苟得亡恥。」班固用此二字甚多，皆「无」字也。李濟翁《資暇録》曰：「亡字、亾字點畫各有區分，一點一畫下者，存亡之亡也；乚中有人者，有無之亾也。」今按此二字只是一字，或爲存亡之亡，或爲有亡之亡，一字二音也。濟翁初不曉字畫，而遽啟臆説，亦可怪也。

翰猷

翰字在平聲音寒者，羽翼儀翰也；在去聲音悍者，詞翰也。《文王有聲》詩曰：「王公伊濯，維豐之垣。四方攸同，王后維翰。」以垣、翰二字爲韻，則翰平聲也。《板》詩曰：「价人維藩，大師維垣。大邦維屏，大宗維翰。」亦以垣、翰二字爲韻，則翰平聲也。《崧高》詩曰：「維申及甫，維周之翰。四國于藩，四方于宣。」以宣、翰二字爲韻，則翰平聲也。《江漢》詩曰：「王命召虎，來旬來宣。文武受命，召公維翰。」亦以宣、翰二字爲韻，則翰平聲也。又《崧高》詩曰：「既入于謝，徒御嘽嘽。周邦咸喜，戎有良翰。」《常武》詩曰：「王旅嘽嘽，如飛如翰。」此二詩亦以嘽、翰字爲韻，蓋亦以平聲用翰字也。以上詩辭用翰字，皆取藩屏、羽翼、儀翰之義，則翰讀音寒可知矣。後人取名與字用維翰、周翰、宗翰、良翰之類，亦當讀音寒。若取詞翰之義，乃讀音悍。陸德明《江漢》詩《音義》曰：「翰，户旦反，又音寒。」設兩音者，不能區別而設兩音也。《晉書》有張翰，字季鷹，其名當讀音寒。《南史·循吏傳》，吉翰，字休文，其名正當讀音悍。蓋義之所在，有不可易者也。字書猷亦作猶，《離騷》曰：「心猶豫而狐疑兮，欲自適而不可。」《漢書·蒯通傳》曰：「猛虎之猶與，不如蠭蠆之致蠚；孟賁之狐疑，不如童子之必至。」此析《離騷》之句以爲之文也。《漢書·高后紀》曰：「禄然其計，使人報産及諸吕老人。或以爲不便，計猶豫。」顔師古注曰：「猶，獸名。性疑慮，善登木。」故不决者稱猶豫。《顔氏家訓》曰：「《爾雅》：『猶如麂，善登木。』」猶對狐，以獸對獸也。觀國按：猶豫者，心不能自決定之辭也。《爾雅·釋言》曰：「猷，圖也。」《釋獸》曰：「猶如麂，善登木。」所謂猷圖者，圖謀之而未定也。猶豫者，《爾雅·釋言》所謂猷圖是已。顔師古注《漢書》與《顔氏家訓》不悟《爾雅·釋言》自有猷圖之訓，而乃引《釋獸》「猶如麂」以訓之，誤矣。《廣韻》去聲曰：「猶音救。」注引《爾雅》「猶如麂，善登木」，然則猶獸音救也。且先事而圖之爲猶，後事而圖之爲豫，故《曲禮》曰：「卜筮者，所以使民決嫌疑定猶豫也。」以嫌疑對猶豫，則猶非獸也。《離騷》曰「心猶豫而狐疑兮」，此一句文也，非以猶豫對狐疑也。猶或爲冘，《後漢書·馬援傳》曰：「諸將多以王師之重，不宜遠入險阻，計冘豫未決。」《廣韻》曰：「冘豫，不定也。」以此觀之，則猶非獸益明矣。《爾雅》曰：「猷，圖也。」郭璞注曰：「《周禮》以猷鬼神示，謂圖畫。」觀國按：《周禮·春官》，「凡以神仕者，掌三神之瀌，以猷鬼神示之居。」鄭氏注曰：「猷，圖也。」謂制神之位次，而爲之牲器時服以圖之，乃謀圖之圖，非圖畫也，郭璞誤矣。猶、猷、冘三字通用，豫、預、與三字通用。

奉朝請

《晉書·職官志》曰：「奉朝請者，奉朝會請召而已。」觀國按：《前漢書·東方朔傳》曰：「奉朝請之禮，備臣妾之儀。」顔師古注曰：「請，才姓反。」又《竇嬰傳》曰：「嬰病免，太后除嬰門籍，不得朝請。」顔師古注曰：「請，才姓反。」又《吴王濞傳》曰：「使人爲秋請。」顔師古注曰：「請，才姓反。」孟康注曰：「律，春曰朝，秋曰請，如古諸侯朝聘也。」如淳注曰：「濞不自行，使人代己致請禮。」然則奉朝請之請讀音才姓反，漢律所謂「春朝秋請」是也。《吴王濞傳》所謂「秋請」，乃漢律也。《廣韻》去聲靚字注曰：「古奉朝請亦用靚字。」然則《晉志》謂「奉朝會請召」者，誤矣。蓋朝請者，臣見君者也，若曰「請召」，則是君召臣也。自晉以來，奉朝請之官受俸禄而不隸事，奉車都尉、駙馬都尉、騎都尉之類是也。後世嫌疑滋起，故皇朝戚里之官及百官宫祠之任，咸受俸禄而不隸事，于是奉朝請者徧四方矣。

澠

《春秋・左氏傳》曰：「晉侯以齊侯宴，中行穆子相。投壺，晉侯先。穆子曰：『有酒如淮，有肉如坻。寡君中此，爲諸侯師。』中之。齊侯舉矢曰：『有酒如澠，有肉如陵。寡人中此，與君代興。』」杜預注曰：「澠水出齊國臨淄縣北，入時水。」故《列子》曰：「口將爽者，先辨淄、澠。」蓋謂淄水與澠水也。劉沆嘗使契丹，契丹與之宴。契丹曰：「有酒如繩，繫行人而不住。」意謂劉未有以對也。劉應聲曰：「在北曰狄，吹《出塞》以何妨。」按字書，澠，水名，在齊。繩，直也，索也。此自是兩字，不通用，然古人多假借字，故用澠爲繩。杜子美《贈汝陽王》詩曰：「且持蠡測海，況挹酒如繩。」又《簡薛華醉歌》曰：「願吹野水添金杯，如繩之酒常快意。」如此類，借用繩字，固無害。如契丹使云「繫行人而不住」，則真訓釋以爲繩索之繩，恐不可也。又杜子美《寄劉峽州》詩曰：「伏枕思瓊木，臨軒對玉繩。」又曰：「展懷詩誦魯，割愛酒如繩。」一篇押二繩字，命意不同，然莫若用如繩爲如澠，則適得其當。或是編集子美詩者誤耳。

始

李希聲《詩話》曰：「皁鵰寒始急，千呼萬喚始出來。」人皆以爲語病。然始有二音，有所宿留而今甫然者，當從去聲，二詩自非語病。觀國嘗攷其故矣。始終之始，則音上聲；有所宿留而今甫然者，則音去聲。所謂有太始，所謂萬物資始，所謂始畫八卦，所謂有始有卒，此皆終始之始也。杜子美《安西兵》詩曰：「臨危經久戰，用意始如神【二】。」韓退之《月臺》詩曰：「直須臺上看，始奈月明何。」此皆有所宿留而今甫然者也。如《禮記·月令》「蟬始鳴」，陸德明《音義》始作試音【三】，則李希聲之説不妄矣。

暴

暴字日下㳟，今作日下恭爲暴者，俗書也。暴音薄報切，疾也，猝也。又音蒲木切，日乾也。所謂一日暴之，所謂春暴練，所謂晝暴諸日，所謂暴其過惡，所謂九蒸九暴，所謂暴露其精神，所謂使二國暴骨，諸家音義皆音作蒲木切者也。凡義當讀音蒲木切者，不可移而讀作薄報切，蓋二義異也。又俗書有曝字，且暴上已有日矣，旁又加日，豈不贅哉！亦如莫字從日，而俗又加日而爲暮；基字從土，而俗又加土而爲堪；然字從火，而俗又加火而爲燃；岡字從山，而俗又加山而爲崗。凡此皆不可遵用者也。

奉亶萬

俸字俸禄也，捧字捧持也。按諸史言奉禄无所受，又言計日受奉，則古之奉禄字，不

【二】用意始如神　「如」原作「知」，據《全唐詩》改。

【三】陸德明音義始作試音　「音」，據孫文昱《學林考證》補。

從人也。《春秋左氏傳》曰：「奉匜沃盥。」《禮記》曰：「奉者當心。」又曰：「主人奉矢，司射奉中。」則古之捧持字只用奉字，不從手也。然則俸之從人，捧之從手，出于後世增益之，古篆所不載，非字法也。《易》曰：「成天下之亹亹者。」亹字篆文所不載。徐鉉《字義》曰：「亹字後人又加文爲亹。」亦無篆文。古本《周易》作「成天下之娓娓」者，當是變隸時改之也。萬字自古書史皆以爲數，《左傳》亦曰：「萬，盈數也。」至許慎《説文》，萬字獨訓曰蟲也，而不訓以爲數。今詳萬字所從偏旁，无盈數之義，苟有盈數之義，則《説文》固已訓説矣。《説文》无訓説，則後之訓説者不亦難乎？後人又以万字代萬字，蓋万字《説文》所不載，則无篆文。既無篆文，則不知万字所從偏旁爲如何，亦不能推其義也。万又音墨，複姓有万俟氏。《廣韻》曰：「万，十千也。萬，蟲也。」詳《廣韻》以万爲十千，而以萬爲蟲，亦不以萬爲數也。似以万爲十千之數，而萬乃代万字者也。古之字畫少者易于訛改，故以點畫多而同音者代之，如一、二、三、四、五、六、七、八、九、十，則以壹、貳、參、肆、伍、陸、柒、捌、玖、拾代之，百千則以佰仟代之，尺則以赤代之，疋則以匹代之，是以万以萬代之也。所代之字，初无意義，惟取點畫之多耳。《説文》曰：「草，自保切，櫟實，可以染帛爲黑，故黑色曰草。」後世既用皁字，故草字用爲草木之字。《説文》曰：「雅，烏加切，楚烏也，秦謂之雅。」後世既用鴉字，故雅字用爲雅正之字。《説文》曰：「創，楚良切，傷也。」書史多用此，如後世既用瘡字，故創字用爲創造之字。凡字之變古者，類如此。

黮諼

桑葚之葚亦作黮，亦作椹，然《泮水》詩曰「食我桑黮」，而不用上三字。按字書，黮音他感切。黭黮，黑也。萱草之萱亦作藼，亦作蕿，然《伯兮》詩曰「焉得諼草」，而不用上三字。按字書，諼音暄，詐也，忘也。古人假借字，取其意而已。桑葚用黮字，取其色也。萱，忘憂草也，用諼字，取其忘也。字雖假借，而意則不失也。書史中如此類借用字者，若以「説命」爲「兑命」，以「條侯」爲「修侯」，以「女工」爲「女紅」，以「取贍」爲「取澹」，以「仰」爲「卬」，以「藏」爲「臧」，以「愈」爲「俞」，以「酢」爲「昨」，以「譬」爲「辟」，以「儺」爲「難」。若此類固多，亦皆不失其意也。

䝱

左太沖《魏都賦》曰：「回淵漼，積水深。蒹葭䝱，雚蒻森。」五臣注《文選》曰：「䝱，分别也。」杜子美《寄劉峽州》詩曰：「乳䝱號攀石，飢鼯訴落藤。」注詩者曰：「乳䝱，乳虎也。」觀國按：《爾雅·釋獸》曰：「䝱，有力。」郭璞注曰：「䝱出西海大秦國。有養者，似狗多力，獷惡。」《爾雅·釋音》曰：「䝱音鉉。」諸字書皆曰，䝱音鉉，獸名也。然則贙自是一獸，非虎也，亦无分别之義，《文選》注與杜詩注皆誤矣。《蒹葭》詩曰：「蒹葭蒼蒼，白露爲霜。」鄭氏箋曰：「蒹葭在衆草之中蒼然强也。」左太沖賦曰「蒹葭贙」者，豈非以《爾雅》謂贙有力，而蒹葭蒼然若强有力者耶？然《爾雅》言有力者多矣，曰「魚有力者徽」。又曰「麋，絶有力，狄」。又曰「鹿，絶有力，麉」。又曰「麢，絶有力，豣」。又曰「豕，絶有力，豟」。又曰「熊，絶有力，麙」。又曰「馬，絶有力，駥」。又曰「羊，絶有力，奮」。又曰「牛，絶有力，欣犌」。又曰「犬，絶有力，狣」。所謂「贙有力」者，贙之爲獸有力者耳。其他物有力者，固不可謂之贙也。若以蒹葭强有力而因謂之蒹葭贙，則非也。字書又有倒一虎爲贙者，俗書不可用。

稾槀

字書稾從高從禾，謂禾稈也，草翑也。槀從高從木，謂藥名，槀本也，亦枯槀也。《周禮》，封人共其水稾。《禹貢》，三百里納秸。孔安國曰：「秸，稾也。」又蠻夷邸館謂之稾街，撰文起草謂之草稾，凡此皆從禾者也。其從木者，許慎《説文》有槀字，故《周禮》有槀人，《禮記》曰「止如槀木」，而後世移其木于旁爲槁。按《周易·説卦》，「離爲科上槁」。《孟子》曰：「旱則苗槁矣。」此槁字乃變古文後用之也。又有于槀上加艸字爲藁者，《廣韻》以爲俗字，固不可用也。槀下從木者又音犒，《尚書·舜典》曰「作《九共》九篇【四】，

【四】舜典曰作九共九篇　「舜」原作「訓」，據今本《尚書》改。

字不用稾而用槁，亦變古文爲隸者改之也。《稾飫》」是也。《周禮・地官》有槁人，亦音犒，蓋槁人掌共内外朝冗食，則音犒是也。其

薄

《郊特牲》曰：「薄社北牖，使陰明也。」鄭氏注曰：「薄社，商之社，商始都薄。」然則本用亳社字，記《禮》者借用薄字耳。薄音泊，又音博，又音逼。其音泊者，厚薄也，林薄也。草木叢生曰薄，故揚雄《甘泉賦》曰：「列辛夷于林薄。」左太沖《蜀都賦》曰：「翕響揮霍，中網林薄。」陸士衡《君子有所思行》曰：「清川帶華薄。」又《挽歌》詩：「按轡遵長薄。」若此類是也。音博者，其義則激搏也。《易》曰：「雷風相薄。」《史記・天官書》曰：「日月薄食。」謝瞻《詠張子房》詩曰：「鴻門銷薄蝕。」若此類是也。音逼者，相逼近也。《春秋左氏傳》曰：「宋師未陳而薄之，敗諸鄑。」又曰：「晉公子重耳及曹，曹共公聞其駢脅，欲觀其裸浴，薄而觀之。」又曰：「不待期朝而薄人于險。」又曰：「寧我薄人，無人薄我。」陸士衡文曰：「高義薄雲天。」又《塘上行》曰：「願君廣末光，照妾薄暮年。」范彦龍《傚古》詩曰：「朝驅左賢陣，夜薄休屠營。」杜子美《彭衙行》詩曰：「高義薄層雲。」江淹《恨賦》曰：「薄暮心動。」若此類是也。凡此三音，其義皆迥不同，讀之不可混而無別。《史記・周勃傳》曰：「勃以織薄曲爲生。」蘇林注曰：「薄，一名曲。」顔師古注《漢

書》曰：「許慎云『葦薄爲曲』。」按薄曲，蠶具也，本用從竹簿字，亦通用從草薄字耳。亦如箔者，蠶具也，亦通用曲字耳。欂字弼戟切。司馬相如賦曰：「施瑰木之欂櫨。」揚雄《甘泉賦》曰：「香芬茀以穹隆兮，擊欂櫨而將榮。」顔師古注曰：「欂櫨，枅也。」五臣注《文選》曰：「欂櫨，曲枅栱也。」韓退之曰：「欂櫨侏儒。」乃謂此也。《廣韻》曰：「欂櫨，户上木也。」今按欂櫨者，枅栱是也，非户上木也。欂亦通用薄字，《前漢·王莽傳》曰：「起九廟，爲銅薄櫨，飾以金銀琱文。」顔師古注曰：「薄櫨，柱上枅也。」其説是已。

明

元祐中，京師試《止戈爲武》賦，張弼首選，頗以此賦馳名。第七韻曰：「亦猶日並月以爲明，紀天之象；王居門而曰閏，重歲之餘。」今按字書，明字從囧，非從日也，賦誤用之，害理之甚。㬥，北教反，《廣韻》曰：「㬥，直也。」所謂㬥直者，連直宿也。自唐以來，翰林院有㬥直例，本朝翰林學士院亦有㬥直格，蓋言㬥直之日數也。李濟翁《資暇録》遂改㬥作豹，又訓解曰：「豹隱山林，晝伏夜遊。」濟翁初不曉㬥直之義，妄自穿鑿，殊可怪也。葭莩者，附麗相親之義，《前漢·王莽傳》曰：「與陛下有葭莩之故。」顔師古注曰：「葭，蘆也。莩者，其筩裹白皮也。言其輕薄而附著也。」《唐書·員半千傳》曰：「無葭莩親。」而《唐書釋音》曰：「葭，葦之未秀者。莩，草也。」其説誤矣。

穀

《春秋》宣四年《左氏傳》曰：「鬭伯比生子文，弃諸夢中，虎乳之，遂使收之。楚人謂乳穀，謂虎於菟，故命之曰鬭穀於菟。實爲令尹子文。」陸德明《音義》曰：「穀，奴口反。於音烏，菟音徒。」觀國按：《廣韻》上聲，教，乃后切，乳也；去聲，穀，奴豆切，乳也。而入聲穀字，無音奴口反者。左氏多假借用字，故用穀字，亦或變篆爲隸時變作穀字也，於義當作教字。觀國又按：《玉篇》曰：「䶂䖘，虎也。」左氏用於菟字，蓋假借耳。而《前漢》班固《敍傳》引《左氏傳》曰：「楚人謂乳爲穀，謂虎爲烏檡。」顏師古注曰：「檡字亦作菟。」觀國按：《玉篇》、《廣韻》檡音蕍，又音宅，梬棗也。字書未有音檡爲徒者，亦無或作菟之文，班固好借用字，然此爲取義太遠。

飲食票姚

經書中泛言飲食，與夫自飲自食，則皆當讀如本字。若以飲飲人，以食食人，則飲當音蔭，食當音嗣，各從其義也。如《論語》「一簞食，一瓢飲」，「飯疏食飲水，曲肱而枕之」，「簞食豆羹見於色」。《周禮》「膳獻飲食」，「食用六穀」，「飲用六清」。《禮記》「食居人之左」，「子卯稷食菜羹」。《春秋左氏傳》「粢食不鑿」，「聞師將傳食」。凡此類，皆自飲自食者也。陸德明《音義》皆音作蔭、嗣，誤也。《前漢·霍去病傳》曰：去病「年十八爲侍中。善騎射，再從大將軍。大將軍受詔，予壯士，爲票姚校尉」。服虔注曰：「票姚音飄搖。」顏師古注曰：「票音頻妙反。姚音羊召反。票姚，勁疾之貌也。荀悦《漢紀》作票鷂字。去病後爲票騎將軍，尚取票姚之字。今讀音飄搖，則不當其義也。」觀國按：字書票姚字，於平聲、去聲兩音皆收。杜子美《寄董嘉榮》詩曰：「居然雙捕虜，自是一嫖姚。」又《後出塞》詩曰：「借問大將誰，恐是霍嫖姚。」又《觀燕將士》詩曰：「漢朝頻選將，應拜霍嫖姚。」又《贈田判官》詩曰：「宛馬總肥春苜蓿，將軍只數漢嫖姚。」子美於嫖姚作平聲用。又《哭嚴武》詩曰：「風送蛟龍雨，天長驃騎營。」則於驃字自作去聲用。蓋皆於義無害也。顏師古謂讀音飄搖則不當其義者，非也。票姚平聲、去聲皆輕疾之義，讀史則從去聲，作詩文則用爲平聲，皆無害也。杜子美《別崔潩》詩曰：「如何久磨礪，但取不磷緇。」讀《論語》，則磷音吝，而詩用爲平聲，義皆通也。

弈奕

弈下從廾，奕下從大。許慎《説文》曰，弈，圍棋也。奕，大也，行也，美容也。《玉篇》、《廣韻》曰，弈，博弈也，美貌也。奕，大也，行也，盛也，輕麗也。觀國按：《那》詩曰：「萬舞有弈。」《頍弁》詩曰：「憂心弈弈。」《論語》曰：「不有博弈者乎？」《孟子》

曰：「使弈秋誨二人弈。」凡此類，皆從廾之弈也。《閟宮》詩曰：「新廟奕奕。」鄭氏箋曰：「奕奕，佼美也。」《韓奕》詩曰：「奕奕梁山。」又曰：「四牡奕奕。」《毛氏傳》曰：「奕，大也。」凡此類，皆從大之奕也。世俗書弈、奕二字，不豫分二字之義而書之，或從廾，或從大，混而無別，則害於義矣。亦如獘字下從大，而俗書則變爲弊。彝字下從廾，而俗書則變爲獘。蓋字法爲俗書所變者，多此類也。

沬沫

屈平《離騷》曰：「芳菲菲而難虧兮，芬至今猶未沬。」五臣注《文選》曰：「沬，已也。」宋玉《招魂》曰：「朕幼清以廉潔兮，身服義而未沬。」五臣注《文選》曰：「沬，已也。」觀國按：《易·豐》卦九三爻曰：「豐其沛，日中見沬。」王弼注曰：「沬，微昧之明也，音莫貝切。」蓋屈平自謂我之芬芳未至於晦昧也，宋玉自謂身服義而未至於晦昧也，沬無已之義，五臣以沬爲已，誤矣。《前漢·王商傳》引《易》曰：「日中見昧，折其右肱。」蓋沬與昧義則同也，故通用之。《玉篇》水部曰，沬，亡活、莫蓋二切。觀國按：亡活切者，旁從本末之末，所謂「浮沫」，所謂「避沫水之害」是也。莫蓋切者，旁從午未之未，即《易》所謂「日中見沬」，《詩》所謂「爰采唐矣，沬之鄉矣」是也。二字偏旁不同，而《玉篇》同爲一字，而分二切以訓之，則誤矣。《廣韻》於去聲收沬字，莫貝切，與昧字同音，皆從午未之未。於入聲收沫字，莫撥切，與秣字同音，皆從本末之末，二字不同也。曹子建《應詔》詩曰：「玄駟藹藹，揚鑣漂沫。流風翼衡，輕雲承蓋。」五臣注《文選》曰：「漂沫謂馬行急口中沫出。」審如此，則當用入聲沫字。子建借用去聲沬字，然去聲沬字非口中沫也。傅武仲《舞賦》曰：「良駿逸足，愴悍凌越，龍驤橫舉，揚鑣飛沫。」此用爲入聲，不誤矣。

舀臽取耴

舀、臽二字易于相亂。舀，以沼切，又音逾，又音由，抒臼也；臽音坎，又音陷，水穽也。故滔、淊二字皆從水。滔音洮【五】，水流也；淊，乙咸切，没也。謟、諂二字皆從言，謟音洮，疑也；諂音丑琰切，諛也。慆、惂二字皆從心，慆音洮，説樂也；惂音坎，憂困也。幍、帢二字皆從巾，幍音洮，亦作絛也；帢音口洽切，帽也。搯、掐二字皆從手，搯音洮，搯掐也；掐音苦合切，爪掐也。然則舀、臽易於相亂可見矣。取、耴二字亦易於相亂。取，七庾切，受也，收也，又倉口切，又音娶；耴，陟葉切，耳垂也，又魚乙切。故㖩、呫二字皆從口，㖩音子於切，囁㖩也；呫音丁愜切，多言也。鯫、鮿二字皆從魚，鯫音組鉤切，魚名，又七逾切，淺鯫也；鮿音輒，魚名也。菆、䔈二字皆從草，菆音鄒，又在寒切，蒭也；䔈音輒，又音帖，衣領袺也。棷、㮖二字皆從木【六】，棷音鄒，薪也；㮖音輒，木小葉也。齱、𪘂二字皆從齒，齱音鄒，齱齵，齒偏也；𪘂音側角切，急促也。掫、挕二字皆

【五】滔音洮　「滔」原作「謟」，據《四庫全書》本改。

【六】棷、㮖二字皆從木　「棷」原作「掫」，據《四庫全書》本改。

從手，掫，子侯切，又側九、子於二切，擊也； 掫音輒，又丁愜切，拈也。然則取、耴易於相亂可見矣。曰稻、曰蹈、曰韜、曰瑫、曰槄、曰瑫，皆從舀者也； 曰閻、曰錎、曰陷、曰[目臽]、曰啗、曰欿，皆從臽者也。曰聚、曰最、曰趣、曰娶、曰藂、曰緅，皆從取者也； 曰輒、曰[衤耴]、曰[金耴]、曰[鳥耴]、曰[馬耴]、曰[雨耴]，皆從耴者也。然則握筆之際，貴在不誤。

啖袴

噉、啖、啗三字，諸家字書同音徒濫切，又同音杜覽切。雖有二音切，其義則同爲噉食之字。趙璘《因話録》緣唐武宗廟諱炎，遂辨此三字，謂《玉篇》噉字是正，啖字是俗。觀國按：《説文》有啖字篆文，則啖字非俗也。《玉篇》亦未嘗以啖字爲俗字。《廣韻》曰，《前秦録》有將軍噉鐵，而《元和姓纂》作啖鐵，唐亦有啖助，則啖固非俗書也。晉武帝諱炎，唐武宗亦諱炎，司馬遷父名談，故字之從炎者多改易之，以致疑也。《史記·韓信傳》曰：「『信能死，刺我； 不能死，出我袴下。』信熟視之，俛出於袴下。」徐廣注曰：「袴亦作胯，胯股也。」《前漢·韓信傳》曰：「衆辱信曰：『能死，刺我； 不能，出跨下！』于是信熟視，俛出跨下。」顔師古注曰：「跨下，兩股之閒也。」觀國按：《玉篇》曰：「胯，口故切。」注曰：「《史記》云『不能死，出我胯股也』。」《廣韻》跨有兩音，一曰苦瓦切，行不進貌也； 一曰苦化切，跨越也。以此攷之，則當從《史記》、《玉篇》，用袴、胯二字，讀音口故切者是也。班固《漢書》借用跨字，其跨字無用口故切之音，蓋班固改《史記》袴字作跨字，義雖可用，而音韻不通矣。史家用字多爲後人假借，改易其本體，而音訓者或誤爲之説，遂傳襲以成其疑，皆此類也。

辨

辨音卞，又音辧。《廣韻》曰：「辧，蒲莧切，具也，俗作辦。」然則古無從力之辦，止用辨字。《儀禮》中辨字甚多，皆不用從力之辦，惟用辨字耳。《周禮·考工記》：「審曲面勢以飭五材，以辨民器。」鄭氏注曰：「辨，具也。」《釋音》曰：「辨，皮莧反，具也。」《史記·子貢傳》曰：「兵不先辨，不可以勝敵。」《前漢·王訢傳》曰：「上數出幸，過扶風，宫館馳道修治供張辨。」凡此辨字，皆音辦也。辨者，字母也，隸書雖用辦字，及施於篆，止用辨字。亦如篆善爲譱，篆雪爲雪，篆星爲曐，篆夢爲㝱，篆奔爲犇，篆塵爲蠯，篆雷爲靁，篆原爲厵，篆畝爲晦，篆看爲翰，篆頂爲　，篆夏爲　，篆曹爲㯥，篆强爲彊，篆　爲　，篆香爲　，篆覃爲　，篆雍爲雝，篆集爲雧。凡此皆字之有母者，隸文從省，而施於篆，則用字母也。

搉

《前漢·武帝紀》，天漢三年二月，「初榷酒酤」。應劭注曰：「縣官自酤榷賣酒，小民不復得酤也。」韋昭注曰：「以木渡水曰榷。謂禁民酤釀，獨官開置，如道路設木爲榷，獨取利也。」顏師古注曰：「榷者，步渡橋。《爾雅》謂之石杠，今之榷彴是也。禁閉其事，總利入官，而下無由以得，有若渡水之榷，因立名焉。」又《昭帝紀》，始元六年二月，詔「議罷鹽鐵搉酤」。七月，「罷搉酤官」。又《食貨志》曰：「昭帝罷鹽鐵酒搉均輸官。」今攷《漢書》於《武帝紀》用榷字，《昭帝紀》、《食貨志》用搉字。觀國按：字書，搉、榷同音古岳切，搉從手，揚搉大舉也；榷從木，以木渡水也。搉酤者，揚舉其事，使人曉然知之，而不得侵吾利。然則搉酒酤者，當用從手之搉也。史多假借用字，故或用從木之榷，注釋之家因其用從木之榷，乃用横木渡水以訓之，誤矣。史家又或用權字，爲權酤。今按字書，權音苦角切，枳木有實似柚，蓋音與義皆與榷不同，雖曰假借，實無意義。字書，挌，古百切，擊也，鬭也。史言格鬭、格殺，本用從手之格，而皆用從木之格者，蓋古人書從木之字多變爲從手，如極字從木，而或書爲掓，欃槍從木，而或書爲攙搶。然則書搉爲榷，書挌爲格，皆假借也。若覈其義，則當各有所歸耳。

寰

寰字音環，又音眩。《廣韻》平聲曰：「寰，户關切，王者封畿内縣也。又音黄練切。」《廣韻》去聲：「縣，黄練切，古文作寰，郡縣也。楚莊王滅陳爲縣，縣名自此始也。」觀國按：文士多用寰宇字，寰雖亦音環，而究其義，則當爲縣字。蓋王者封畿内縣，則讀寰字爲縣字宜矣。其曰「楚莊王滅陳爲縣，縣名自此始」者，按《史記·楚世家》曰：楚莊王「至洛，觀兵于周郊。周定王使王孫滿勞楚王。楚王問鼎小大輕重。」則楚莊王與周定王同時也。然《史記·秦本紀》，秦武公「十年，伐邽、冀戎，初縣之。十一年，初縣杜、鄭」。蓋秦武公十年當周莊王之八年，自周莊王又歷六世始爲周定王，則縣名非始於楚莊王也。秦武公初縣邽、冀戎，初縣杜、鄭者，乃伐而取之，初以其地爲縣，亦非縣名之始也。《周禮》有井邑、丘甸、縣鄙之法，故許慎《説文》曰：「周制，天子地方千里，分爲百縣。」然則縣之名久矣，非楚莊王所創也。

狃午

《論語》曰：「公山弗擾以費畔。」《春秋》定公十二年《左氏傳》曰：「公山不狃率費人以襲魯。」在《論語》用擾字，在《左氏傳》用狃字，疑若不同者。按《前漢·古今人表》

第九等有公山不狃，顔師古注曰：「狃，人九反，即公山不擾也。」然則擾、狃二字皆讀爲人九反，通用之也。午、五二字，古人亦通用之。而李濟翁《資暇録》以爲端午當作端五，不當用午字。今按古篆，五字爲乂，象陰陽交乂之義，而午字亦取交互之義。《周禮》，壺涿氏「掌除水蟲」【七】，「以牡橭午貫象齒而沈之，則其神死」。鄭氏注曰：「午，故書爲五。」杜子春注曰：「五貫爲午。」蓋用象齒交五貫于橭木之上也。故書者，別本《周禮》也。故書作五，則午、五通用可知矣。史言旁午者，四方八達皆通，亦交午之義也。十二辰在五月屬午，則午、五其義同，然則端午、端五通用之不疑矣。

嗛

古人以「銜」字與「嗛」字通用。《史記·韓嫣傳》曰：「太后由此嗛嫣。」徐廣注曰：「嗛讀與銜同。」《前漢·韓嫣傳》曰：「太后由此銜嫣。」《史記·義縱傳》：「上怒曰：『縱以爲我不復行此道乎？嗛之。』」徐廣注曰：「嗛讀音銜。」《前漢·義縱傳》曰：「上忿銜之。」《史記·大宛傳》曰：「昆莫生，弃于野，烏嗛肉蜚其上。」又《外戚·王太后傳》曰：「景帝恚，心嗛之而未發也。」然則司馬遷用嗛字，班固用銜字，二字之義一也。班固或用嗛字爲謙字，《前漢》司馬相如《封禪書》曰：「陛下嗛遜而未發也。」顔師古曰：「嗛，古謙字。」而《史記》司馬相如《封禪書》曰：「陛下謙遜而弗發也。」班固又用

【七】壺涿氏掌除水蟲　「水」原作「木」，據《四庫全書》本和今本《周禮》改。

嗛字爲歉字，《前漢・郊祀志》曰：「今穀嗛未報。」顔師古曰：「嗛，少意，苦簟反。」遷、固作史，閒用古文，以袪俗學之蔽，然至于字書音訓所不載，則後世反滋其疑，抑書籍散亡有不可攷者耶？此後學之所以爲難也。

雕

字書曰：雕，都聊切，鶚屬也，籀文作鵰。觀國按：字書偏旁從隹與從鳥者多通用，故雞與鷄同，雒與鵅同，⿸厂隹與鳫同，翟與鸐同，雁與鴈同。然則雕與鵰同也，後世乃用雕字爲雕刻之字。蓋字書自有琱、彫、凋三字，琱者，琱琢也；彫者，彫鏤也；凋者，凋落也。三字雖分三義，而與雕字並通用之。琱、彫二字皆刻鏤之義。而凋乃凋落也，雕乃雕鶚，此二字無刻鏤之義，乃假借用之。是故《前漢・郊祀志》曰：「賜爾黼黻琱戈。」顔師古曰：「琱與彫同。」《王莽傳》曰：「起九廟，飾以金銀琱文。」顔師古曰：「琱與凋同。」《顧命》曰：「彫玉仍几。」《郊特牲》曰：「丹漆雕幾之美。」《明堂位》曰：「玉豆雕篹。」《少儀》曰：「車不雕幾。」《論語》曰：「松柏之後彫。」又曰：「朽木不可雕。」《史記》優孟曰：「請以雕玉爲棺。」《揚子》曰：「童子雕蟲篆刻。」又曰：「彫刻象刑。」又曰：「玉不雕璵璠不作器。」《長楊賦》曰：「除雕琢之巧。」張平子《西京賦》曰：「彫楹玉碣。」又《東京賦》曰：「彫弓斯張。」司馬相如《子虛賦》曰：「乘雕玉之輿。」左太沖《蜀都賦》曰：「雕鶚鴆其陰。」杜子美詩曰：「雕鶚在秋天。」凡此正字與假借互用之，其來久矣。枚乘《七發》用彫弓，相如《子虛賦》用雕弓，其義一也。《七發》曰：「右夏服之勁箭，左烏號之彫弓。」《子虛賦》曰：「左烏號之雕弓，右夏服之勁箭。」此二句同者。按枚乘事梁孝王，恐孝王反，作《七發》以諫之。武帝即位，以蒲輪迎乘，死于路。司馬相如事景帝，時梁孝王來朝，從游説之士鄒陽、枚乘、莊忌之徒。相如見而説之，因病免，客游梁，居數月，乃著《子虛》之賦。會梁孝王卒，相如歸。久之，因狗監侍上，武帝讀《子虛賦》，而後召相如。則《七發》在前，而《子虛賦》當在後，相如竊《七發》之文而顛倒其句耳。

褖緣綠

《禮記·玉藻》曰：「士褖衣。」鄭氏注曰：「鞠衣、展衣、褖衣者，諸侯之臣皆分爲三等，其妻以次受此服也。」觀國按：此三衣皆祭服也，所謂「其妻以次受此服」者，士褖衣，則士之妻亦褖衣也。故《周禮·內司服》曰：「辨外內命婦之服，鞠衣、展衣、緣衣、素紗。」鄭氏注曰：「緣衣，褖衣也。」蓋內命婦則女御，服褖衣；外命婦則士妻，服褖衣，與《玉藻》士褖衣其制合矣。《周禮》用緣字者，褖從彖，緣亦從彖，可通讀音彖也。《綠衣》詩，衛莊姜傷己也，妾上僭，夫人失位而作是詩：「綠兮衣兮，綠衣黃裳。綠兮衣兮，綠衣黃裏。綠兮絲兮，女所治兮。」毛氏訓曰：「綠當爲緣。」鄭氏箋曰：「諸侯夫人祭服，鞠衣爲上，展衣次之，緣衣次之。鞠衣黄，展衣白，緣衣黑，今反以緣衣而黄裏、黄裳，喻妾上僭，亂禮也。」觀國詳《緑衣》詩辭，皆緣衣之義也，當讀緑作緣，而《詩》用緑字者，假借用字耳。亦如菉，王芻也，而《詩》曰：「終朝采緑，不盈一匊。」又曰：「瞻彼淇奥，緑竹猗猗。」皆用緑字，蓋菉、緑二字皆從录，亦可通用也。

幽黝

《玉藻》曰：「一命緼韍幽衡，再命赤韍幽衡。」鄭氏注曰：「幽讀爲黝。」《候人》詩曰：「彼其之子，三百赤芾。」毛氏訓曰：「一命緼芾黝珩，再命赤芾黝珩。」觀國按：北方謂之幽都，幽之色黑也。黝，黑色也。在《玉藻》言幽，讀爲於虬切，在毛氏訓《詩》言黝，讀爲於糾切，二字不同音，其爲黑色則一也。鄭氏因毛公訓《詩》用黝字，遂以《玉藻》幽字亦讀黝，非也。《周禮·牧人》：「凡陽祀，用騂牲毛之。陰祀，用黝牲毛之。」鄭司農注曰：「黝讀爲幽。」又《周禮·守祧》曰：「其祧，則守祧黝堊之。」鄭司農注曰：「黝讀爲幽。」按鄭康成注《玉藻》曰「幽讀爲黝」，則讀爲於糾切也。鄭司農又曰「黝讀爲幽」，則又讀爲於虬切，何其反覆之不一耶？惟《詩》與《禮》相傳名家者，其用字多不同，苟不悖於義，則各如本字讀可也。《詩》曰「顯顯令德」，而《中庸》引《詩》曰「憲憲令德」。《詩》曰「鶉之彊彊」，而《表記》引《詩》曰「鶉之姜姜」。如此類甚多，不可概舉。

攌僒

《史記・賈誼傳・鵩鳥賦》曰：「拘士繫俗兮，攌若囚拘。」徐廣注曰：「攌音華板反。」《前漢・賈誼傳・鵩鳥賦》曰：「愚士繫俗，僒若囚拘。」李奇注曰：「僒音塊。」蘇林注曰：「僒人肩傴僒爾。音欺全反。」顔師古注曰：「蘇音是。」觀國按：《史記》「攌如囚拘」，《漢書》曰「僒若囚拘」，用字不同者，蓋賈誼文當時相傳非一本，其用字固有不同處，司馬遷、班固各以其所傳賈誼文纂而作史，故其用字有不同也。攌乃擐束之意，字書窘亦作僒，然則攌、僒二字雖不同音，而其義則皆有囚束拘繫之意，於文無嫌也。《文選・鵩鳥賦》曰：「愚士繫俗兮，窘若囚拘。」蓋用《漢書》編入《選》也，止用窘字，而李善、五臣注皆曰：「窘，拘困也。」然則僒爲窘可知矣。李奇曰：「僒音塊。」蘇林曰：「僒音欺全反。」顔師古曰：「蘇音是。」三人之説皆非也。

摴

摴從手，《南史・宋高祖紀》曰：「劉毅家無儋石之儲，摴蒱一擲百萬。」蓋用此摴字。《廣韻》曰：「摴，丑居切，摴蒱也。」又姓，《史記》丞相摴里疾。椁亦丑居切【八】，惡木也。《玉篇》曰：「摴，丑居切，摴蒱也。椁亦丑居切，惡木也。擭，胡霸切，木名，亦作樗。」觀

【八】椁亦丑居切　「椁」原作「樗」，據《廣韻》改。

國按： 樗從木，讀爲胡霸切，而書史皆用樗爲丑居切，蓋變榑爲樗，而借用之也。惟《禮部韻略》於攄字韻中有樗字，注曰「惡木也」，於古字書皆不合，未得所安。《詩》曰：「我行其野，蔽芾其樗。」又曰：「采荼薪樗，食我農夫。」蓋皆假借，變榑爲樗，又或變古文爲隸者改之，不必出於字書。然則修字書者，固不可以假借之字而著爲正字也。若摴里之摴從手，而《史記·摴里子傳》用從木之樗者，亦假借無傷也。按《史記·樗里子傳》曰：「樗里子名疾，秦惠王之弟也。」「秦封樗里子爲嚴君。」蓋秦乃嬴姓，而《廣韻》以摴爲樗里之姓，誤矣。《樗里子傳》又曰：「樗里子疾室在於昭王廟西渭南陰鄉樗里，故俗謂之樗里子。」一本《傳》言之詳矣，而字書反以摴爲樗里之姓，何耶？

苴菹蒩

《周禮·鄉師》之職，「大祭祀」，「共茅蒩」。杜子春曰：「蒩當爲菹，以茅爲菹，若葵菹也。鄭大夫讀蒩爲藉，謂祭前藉也。」鄭康成曰：「蒩，《士虞禮》所謂『苴刌茅，長五寸束之。』所以承祭。既祭，束而去之。」觀國按： 字書，苴，子魚切，《禮》所謂「包苴」，所謂「苴麻」，所謂「苴杖」是也。菹，側魚切，亦作葅，酢菜菹也。《周禮·醢人》所謂韭菹、菁菹、茆菹、葵菹、芹菹、箈菹、筍菹，凡七菹是也。蒩，資都切，蒩藉也。《鄉師》「共茅蒩」、《司巫》「共蒩館」是也。苴、菹、蒩三字三音，而義各不同。杜子春以蒩爲菹，非也。以茅爲菹，豈可食哉？鄭大夫讀蒩爲藉，亦非也。菹乃所以爲藉，豈假讀菹爲藉耶？鄭康成以爲藉祭，是也。而引《士虞禮》苴爲蒩，音義不同。蓋《士虞禮》亦當用蒩字，而省文用苴字耳。所謂蒩者，設茅爲藉以承祭也，《周禮·甸師》「祭祀共蕭茅」，而《司巫》「祭祀共蒩館」，《鄉師》乃「共茅蒩」者，《甸師》共其茅而已，《鄉師》以其茅而爲之蒩，《司巫》則共其承蒩之館。所謂館者，承藉之箱也。周官大抵聯事合治類如此。

能

能字奴登切，又奴代切，又奴來切，又土來切。其音奴登切者，多技藝也，所謂「有能奮庸」，所謂「獻賢能之書」，所謂「以能問於不能」之類是也。又與耐通用，《禮運》曰：「聖人耐以天下爲一家。」《樂記》曰：「人不耐無樂，樂不耐無形。形而不爲道，不耐無亂。」鄭氏注曰：「耐，古能字也。」其音奴代切者，姓也。何氏《姓苑》曰：「能姓出長廣，亦與耐通用。」《史記·淮南王安傳》曰：「有耐罪以上，赦令除其罪。」應劭注曰：「輕罪不至於髡，全其耐鬢，故曰耐。古『耏』字從『彡』，髮膚之意。」如淳注曰：「律『耐爲司寇【九】，耐爲鬼薪、白粲。』耐猶任也。」蘇林注曰：「一歲爲罰作，二歲刑以上爲耐。耐，能任其罪。」《前漢·高祖紀》曰：「郎中有罪耐以上，請之。」顔師古注曰：「耐謂頰旁毛也。」又《文帝紀》曰：「罪有耐以上，不用此令。」又《郊祀志》曰：「中都官耐罪

【九】耐爲司寇　「司寇」原作「可魁冠」，據《史記》改。

囚徒。」觀國按：許慎《説文》曰：「耐，罪不至髡也。」《玉篇》曰：「耏，如時切，頰須也。」《廣韻》曰：「耐，奴代切，須也。」然則耐與耏二字音與義通用也。所謂「耐罪」者，去其頂髮而存其鬢頰之毛，故曰「罪不至髡也」。《前漢·高惠孝文功臣侯年表》曰：「宣曲侯丁通有罪，耏爲鬼薪。」史家或用耐，或用耏，則通用可知矣。諸家注解訓耐爲頰鬢毛者是也，謂能任其罪者非也。其音奴來切者，《爾雅》云「鼈三足曰能」是也。其音土來切者，與台通用，《史記·天官書》曰：「魁下六星，兩兩相比，名曰三能。」又《封禪書》曰：「有星茀於三能。」《前漢·天文志》曰：「三能色齊，君臣和。」然則能與台通用，此類是也。若夫《春秋左傳》曰「盟於耏外」，此水名，音而也。宋有耏班，此姓，音而也。唐司空圖自目爲「耐辱居士」，此音奴代切也。凡此皆專一音，不可兼他音讀之。

譸

《無逸》曰：「古之人，猶胥訓告，胥保惠，胥教誨，民無或胥譸張爲幻。」孔安國曰：「譸張，誑也。君臣以道相正，故下民無有相欺誑幻惑也。」《釋音》曰：「譸，竹求反。」《爾雅》曰：「侜張，誑也。」郭璞注引《書》曰：「無或侜張爲幻，謂幻惑欺誑人也。」《玉篇》言部曰：「譸，竹尤切；譸張，誑也。」人部曰：「侜，竹尤切；侜張，誑也。」《廣韻》曰：「譸，竹尤切；譸張，誑也。」《爾雅》作侜。以此觀之，則譸、侜二字通用也。《防有鵲巢》詩曰：「誰侜予美，心焉忉忉。誰侜予美，心焉惕惕。」《毛氏傳》曰：「侜張，誑也。」鄭氏箋曰：「誰侜張誑欺我乎？」然則譸、侜通用可知矣。史又用輈張字，《後漢·孝仁董皇后紀》曰：「汝今輈張，怙汝兄耶？」章懷太子注曰：「輈張，猶彊梁也。」今按董皇后兄子重爲票騎將軍，何太后兄進爲大將軍，重與進權勢相害。董后每欲參干政事，太后輒相禁塞。董后忿恚詈言曰：「汝今輈張，怙汝兄耶？」蓋言何太后輈張欺誑，以怙其兄進也。輈張亦當爲欺誑之辭，而章懷太子以輈張爲彊梁，非也。

舍

舍字與赦同音者，其義則止息也；與捨同音者，其義則釋去也。子在川上曰：「逝者如斯夫！不舍晝夜。」此言川流晝夜無止息，逝者已往，愈遠而不可追，猶川流之無止息，孔子所以興歎也。舍當讀音赦。《孟子》曰：「原泉混混，不舍晝夜。」義與此同。《揚子·法言》：「或問曰：『水之進也，爲其不捨晝夜與？』」又曰：「車航混混，不捨晝夜。」乃用捨字，與孔子意不合矣。《易·乾》九二曰：「見龍在田，時舍也。」《井》初六曰：「舊井無禽，時舍也。」此皆謂止以待之也。《屯》六三曰：「君子幾不如舍。」謂往則徒行不如止也。《春秋》桓公二年《左氏傳》曰：「舍爵策勳。」謂飲酒置爵，則書勳勞于策也。文公十八年《傳》曰：「舍爵而行。」謂飲酒置爵即行也。僖公三十年《傳》

曰：「若舍鄭以爲東道主。」謂止鄭毋伐也。宣公四年《傳》曰：「乃舍之，皆爲大夫。」謂止子良使毋去也。定公四年《傳》曰：「舍舟于淮汭。」謂止舟于淮水之汭，弗乘舟也。凡此舍字皆讀音赦也。文公六年《傳》曰：「晉舍二軍。」七年《傳》曰：「樂豫舍司馬。」襄公二十三年《傳》曰：「盡舍旃。」昭公十九年《傳》曰：「舍前之忿。」《書》曰：「舍己從人。」《詩》曰：「舍旃舍旃。」又曰：「舍彼有罪。」《孟子》曰：「姑舍是。」又曰：「人病舍其田而芸人之田。」凡此舍字皆讀音捨也。舍又與釋同音，亦同義。《禮》曰：「舍奠，舍菜，舍萌，舍幣，舍中，舍算。」《列子》曰：「其人舍然大喜。」此類是也。書史釋音多誤音訓，當逆其義而讀之。

趣趨

趣字一音七俱切，一音蒼苟切，一音七喻切，一音親足切。其音七俱切者，趣走也，視去就而趣走者也。其音蒼苟切者，《周禮·夏官》有「趣馬，以下士爲之。」鄭氏注曰：「趣，養馬者也。」又《校人》曰：「八師一趣馬【一〇】，八趣馬一馭夫【一一】。」《詩》曰：「蹶惟趣馬。」《書》：「虎賁，綴衣，趣馬。」凡此言趣馬，蓋勸駕之意也。若夫養馬，則有牧師、圉師焉。其音七喻切者，趣嚮也。《詩》曰：「濟濟辟王，左右趣之。」《易》曰：「變通者趣時也。」《詩》、《易釋音》皆音趣作七喻切，其義則視嚮背之宜而行者也。

【一〇】八師一趣馬　「八」原作「六」，據武英殿聚珍本和《四庫全書》本改。

【一一】八趣馬一馭夫　「八」原作「六」，據武英殿聚珍本和《四庫全書》本改。

【一二】趍趙久也　「趙」原作「趨」，據《四庫全書》本和今本《說文》改。「久」，段玉裁注《說文》改作「夂」，注云：「夂，行遲曳夂夂也。楚危切。各本皆譌久。」

《晉・孟嘉傳》言「酒中趣」之類是矣。其音親足切者，速行之意。《史記・曹參世家》曰：「蕭何卒。參聞之，告舍人趣治行，『吾將入相』。」《史記》、《漢書・張良傳》曰：「『幾敗迺公事！』令趣銷印。」顏師古注曰：「趣音促。」《後漢》光武詔曰：「其顯效未酬，名籍未立者，大鴻臚趣上。」章懷太子注曰：「趣音促。」此類是也。若夫趨字，惟七俱切一音而已，其義則行之疾也。《綿蠻》詩曰：「豈敢憚行，畏不能趨。」《猗嗟》詩曰：「巧趨蹌兮，射則臧兮。」《周禮》：縣正「趨其耕事」，鄙長、里宰「趨其耕耨」，旅賁氏「夾王車而趨」，大馭「趨以采薺」。《論語》：「趨進，翼如。」《孟子》：「趨者蹶者，是氣也。」又曰：「其子趨而往視之。」又曰：「趨而迎之。」又曰：「其趨一也。」《記》曰：「堂上不趨，執玉不趨。」鄭氏注曰：「行而張足曰趨也。」《爾雅》曰：「堂上謂之行，門外謂之趨。」凡此趨字皆七俱切，一音也，與趣異矣。杜預《春秋傳・序》曰：「厭而飫之，使自趨之。」陸德明《釋音》曰：「趨，七住反，又七俱反。」觀國按：杜預注又曰：「其經無義例。因行事而言，則傳直言其歸趣而已。」此趣字乃七住反也。則知前言「使自趨之」者，爲七俱反矣。陸德明于趨字立兩音，非也。《前漢・禮樂志》曰：「文巧則趨末背本者衆。」顏師古注曰：「趨讀曰趣。」今按「趨末背本」者，如水趨下之趨，當音七俱切，顏師古讀音趣，亦非也。許慎《說文》曰：「趍，直離切。趍趙，久也【一二】。」《玉篇》、《廣韻》皆曰，趍，直離切。趍，俗本音池。然則趍與趨不同音，而世多以趨爲趍者，誤也。又俗書趨爲趋，蓋憚點畫之多而變芻爲刍。又如變鄒爲邹，變騶爲驺【一三】，變鶵爲雏。如此類無意義，不可循襲。

刀

許慎《説文》曰：「刀，都高切，兵也。」《玉篇》曰：「刀，都高切，兵也，所以割也；亦名錢，以其利於人也；亦名布，分布人間也。又丁么切。」引《莊子》曰：「刀刀乎？」「亦姓，俗作刁。」《廣韻》曰：「刀，都高切。」引《釋名》曰：「刀，到也，以斬伐到其所也。」「又都聊切。」軍器，引《纂文》曰【一四】：「刀斗，持時鈴。」「又姓，出渤海。」引《風俗通》曰：「齊大夫豎刀之後【一五】，俗作刁。」觀國按：諸字書，刀，都高切，又音都聊切，一字而異音者也。於篆文則一而已，未有倒其筆爲刁者。倒其筆爲刁者，俗書也。《史記·貨殖傳》曰：「齊俗賤奴虜，而刁閒獨愛貴之。」「故曰『寧爵毋刁』。」此乃用俗書刁字爲姓，傳至於今也。夫以俗書爲姓，則於譜牒無所宗攷矣。《河廣》詩曰：「誰謂河廣，曾不用刀。」鄭氏箋曰：「小船曰刀。」按字書，舠，小船也。詩人從省文用刀字耳。《漢書》「李廣不擊刁斗自衛」，孟康注曰：「刁斗，以銅作鐎，受一斗。晝炊飯食，夜擊持行夜，名曰刁斗。」顏師古注曰：「鐎音譙。」其説是也。軍器，《纂文》以爲鈴，非也。

【一三】變騶爲驺　「驺」原作「雏」，據《四庫全書》本改。

【一四】軍器引纂文曰　「軍器引」原作「引軍器」，據孫文昱《學林考證》改。

【一五】齊大夫豎刀之後　「豎」原作「豊」，據《廣韻》和《日知録》改。

邑歍

《史記·聶政傳》云：政姊「乃於邑曰：『其是吾弟與？』」《前漢·成帝紀》：「贊曰：『趙氏亂内，外家擅朝，言之可爲於邑。』」顔師古注曰：「於邑，短氣貌，於音烏。邑音一合反。」又《中山靖王勝傳》曰：「雍門子一微吟，孟嘗君爲之於邑。」顔師古注曰：「於音烏。邑音一合反。」又《揚雄傳·反離騷》曰：「惟增欷以於邑兮【一六】，吾恐靈修之不纍改。」顔師古注曰：「於音烏。邑音遏。」凡此言於邑者，於讀爲烏，邑讀爲遏，其義則氣鬱而不舒之貌也。《前漢·酷吏傳》：「贊曰：『張湯以知阿邑人主，與俱上下。』」蘇林注曰：「邑音人相悒納之悒。」顔師古注曰：「邑，烏合反。」《史記·商君傳》曰：「安能邑邑待數十百年以成帝王乎？」屈平《離騷》曰：「曾歔欷予鬱邑兮，哀朕時之不當。」如此類用邑字，亦皆讀音遏，其義則鬱塞也。《史記·陳餘傳》曰：「立趙後，扶以義，可就功。」「乃求得趙歇，立爲趙王。」徐廣注曰：「歇音烏鍻反。」《前漢·高祖紀》曰：「立趙後趙歇爲趙王。」注引鄭氏曰：「歇音遏絶之遏。」然則史家音訓字，有字書所不載者，此類是也。

【一六】惟增欷以於邑兮　「惟」，今本《漢書》作「雖」。

紾

任人有問屋廬子曰：「以禮食，則飢而死。不以禮食，則得食。必以禮乎？」孟子曰：「紾兄之臂，而奪之食，則得食。不紾則不得食。則將紾之乎？」趙岐注曰：「紾，戾也。」齊宣王欲短喪。公孫丑曰：「爲朞之喪，猶愈於已乎？」孟子曰：「是猶或紾其兄之臂，子謂之姑徐徐云爾，亦教之孝悌而已矣。」趙岐注曰：「紾，戾也。」觀國按：《玉篇》曰：「紾，徒展切。紾，轉也。又音軫。」《廣韻》曰：「紾，知演切，轉繩也。又音軫，單衣也。」以此觀之，則紾有兩義。其音徒展切、知演切者，其義則轉也；其音軫者，單衣也。「紾兄之臂」者，轉其臂，使不得順而伸，若轉繩然也。「紾兄之臂而奪之食」，非禮也，有以見禮重食輕也。齊宣王欲短喪，公孫丑不能以孝悌教之，乃告以爲期之喪，是猶紾兄之臂，既已非禮，而又助之曰「姑徐徐」，是則助其爲不孝不悌也。然則「紾臂」之紾當讀爲徒展切。《周禮・考工記》：「弓人爲弓。」「凡相角。」「稺牛之角直而澤，老牛之角紾而昔。」「凡相膠，欲朱色而昔。昔也者，深瑕而澤，紾而摶廉。」鄭司農注曰：「紾讀爲抮縳之抮。」陸德明《釋音》曰：「抮、紾皆徒展反。」蓋稺牛之角直，則老牛之角紾，轉而曲矣。「紾而摶廉」，則雖屈曲之而猶嚴利也。凡此紾字，與「紾臂」之紾義皆同。

專剸鱄

《春秋》昭公二十年《左氏傳》曰：「員如吴，言伐楚之利。」「乃見鱄設諸焉，而耕於野鄙。」又二十七年《左氏傳》曰：「鱄設諸置劍於魚中以進。」《史記·吴世家》曰：「公子光使專諸置匕首於炙魚之中。」又《刺客傳》曰：「專諸者，吴堂邑人也。伍子胥亡楚而如吴也，知專諸之能。」「乃進專諸於公子光。」《前漢·賈誼傳》疏曰：「既疑有剸諸、荆軻起於兩柱之閒。」在《左傳》曰鱄，在《史記》曰專，《前漢書》曰剸。觀國按：《玉篇》曰：「鱄，市戀切，魚名也。」「專，職緣切，謹也，壹也。」「剸，徒官、皆兖二切，截也。」《廣韻》曰：「專，職緣切，亦姓。吴刺客專諸或作鱄也。」「剸，旨兖切，細割也，亦作㪫。」以此觀之，則專諸者，是其姓也，《左氏》用鱄字，皆借音耳。覈其義，則鱄、剸二字本無專音，因其《左傳》、《漢書》有借音，故修字書者亦附於正字之下也。《春秋》成公十四年《左氏傳》曰：「天禍衛國也夫！吾不獲鱄也，使主社稷。」杜預解曰：「鱄，子罕之母弟。」《釋音》曰：「鱄，市戀反。」剸亦作㪫，所謂「陸剸犀象」，所謂「剸繁治劇」，《揚子·法言》云「魯仲連傷而不㪫，藺相如㪫而不傷」，皆讀音旨兖切。凡此乃鱄、剸二字正音也，非姓也。

巿𣎵

按字書，巿，甫味切，象草木𣎵𣎵然之形。從肉則爲肺，方味切，金藏也。《詩》曰「自有肺腸」，《周禮》「以肺石達窮民」，《月令》「祭先肺」是已。肺又音普貝切，《詩》曰「東門之楊，其葉肺肺」是已。從草則爲芾，方味切，《詩》曰「蔽芾甘棠」是已。從水則爲沛，博蓋切【一七】，地名，沛郡是已。沛又音普蓋切，《孟子》曰「沛然下雨」是已。從木則爲柿，方味切【一八】，斫木札也。凡此皆以巿爲字母者也。𣎵，嗟似切，其義則止也。從肉則爲胏，俎吏切，脯有骨曰胏。《易·噬嗑》卦曰「噬乾胏」是已。從禾則爲秭，蔣几切，《詩》曰「萬億及秭」是已。從女則爲姊，蔣几切，《爾雅》曰「女子先生爲姊」是已。從木則爲梓，鉏里切，果名，潘岳《閒居賦》曰「梁侯烏椑之梓」是已。從水則爲泲，即里切，亦作濟，《書》曰「濟、河惟兖州」，《前漢·地理志》曰「泲、河惟兖州」是已。從竹則爲笫，狙吏切，牀簀也。凡此皆以𣎵爲字母者也。巿，甫勿切，許慎《説文》曰：「巿，韠也。上古衣蔽前而已，巿以象之，天子朱巿，諸侯赤巿，從巾象連帶之形，亦作芾，亦作韍也。」市，時止切。許慎《説文》曰：「買賣所之也。」《易》曰：「日中爲市。」《周禮》有司市之官是已。觀國按：朩字甫味切，𣎵字嗟似切，巿字甫勿切，市字時止切，此四字篆文不同，其義與音皆異，而隸書者多互書之，易於疑亂，惟循其字母以求之，則各有攸歸，可以類見也。《後

【一七】博蓋切　「博」原作「溥」，據孫文昱《學林考證》改。

【一八】方味切　據《廣韻》「柿」爲「芳廢切」。

漢・方術傳》：「楊由，蜀郡人。」「爲郡文學掾」，「有風吹削哺」，「太守廉范以問由，由對曰：『當有薦木實者。』頃之，五官掾獻橘數包。」章懷太子注曰：「哺，當作杮，音孚廢切，削札也。史家假借爲肝胏字。」觀國按：顏師古注《漢書》胏附云，胏者，削木札也。然則史家以削杮爲削胏，古人假借字有之，而《楊由傳》用哺字，義雖當作杮，而借音太遠矣。

省文

古文篆字多用省文，乃變篆爲隸，亦或用省文者，循古文耳。《周禮》：小宗伯「掌建國之神位。」鄭康成注曰：「故書位作立。」鄭司農注曰：「立讀爲位。」古者立、位同文。古文《春秋經》「公即位」爲「公即立」，以此知在古文爲立，在隸爲位，蓋古文用省文也。《禹貢》曰「東過洛汭」，而《漢書・溝洫志》曰「及盟津、洛内」。顏師古注曰：「内讀曰汭。」班固用省文耳。《禹貢》曰：「嵎夷既略，濰、淄其道。」此言濰水、淄水皆復其故道也。而《漢書・地理志》曰：「維、甾其道。」《後漢・郡國志》，北海國有甾川縣，齊國有臨菑縣。本用淄字，而甾者省文也。又用菑者，假借用之耳。變濰爲維者，亦省文也。《史記・項羽紀》曰：「人言楚人沐猴而冠。」沐猴者，獼猴也。而《揚子・法言》曰：「生捨其木侯。」而謂人木侯，變沐爲木，變猴爲侯者，皆省文也。《樂記》曰：「於是有淫泆作亂之事。」而《漢書・

地理志》曰：「漢中淫失枝柱，與巴蜀同俗。」顏師古注云：「失讀曰泆。」班固用省文也。《詩》曰：「疆場有瓜。」而《漢書・食貨志》云：「瓜瓠果蓏，殖於疆易。」用易字者，省文也。《禹貢》曰：「厥草惟繇，厥木惟條。」而《漢書・地理志》云：「屮繇木條。」蓋草字篆文爲艸，而屮又其省文也。《後漢・班固傳》曰：「幕府新開，廣延羣俊。」然《史記》、《漢書》並用莫府者，乃幕之省文也。《史記》有《伍子胥傳》，而《漢書・藝文志》陰陽家有五子胥十篇。用五字者，省文也。《史記・貨殖傳》曰：「瑇瑁、珠璣、齒革。」而《漢書・郊祀志》曰：「毒冒、犀玉二十餘物。」用毒冒字者，省文也。《史記・平準書》曰：「皆仰給縣官，無以盡贍。」而《漢書・食貨志》曰：「卬以給澹。」又曰：「必卬於市。」用卬字者，省文也。用澹字者，假借也。《周禮・考工記》曰：「圓者中規，方者中矩。」而《史記・禮書》曰：「規矩誠錯，則不可欺以方員。」「規矩，方員之至也。」用員字者，省文也。《武成》曰：「乃偃武修文。」而《漢書・郊祀歌》曰：「興文匽武。」用匽字者，省文也。字書曰，儴佯者，徙倚也。而《離騷》曰：「聊逍遥以相羊。」用省文也。字書曰，搸搸，聚也。而宋玉《招魂》曰：「蝮蛇秦秦。」用省文也。《詩》曰：「玁狁之故。」又曰：「薄伐玁狁。」而《漢書・匈奴傳》引《詩》曰：「獫允之故。」「薄伐獫允」。用獫允字者，省文也。盧仝詩曰：「盧子躘踵也，賢愚總莫驚。」字書曰，躘踵，行不進貌。而文士皆用龍鐘字者，用省文也。《論語》曰：「鄉人儺。」而《禮記・月令》季冬命有司大難者，用省文也。《史記・貨殖傳》曰：「愈於纖嗇。」

而《漢書·食貨志》曰：「民俞貧困。」用俞字者，省文也。《長發》詩曰：「何天之龍，敷奏其勇。」龍讀作寵，用省文也。《史記·游俠傳》曰：「以睚眦殺人。」而《漢書·孔光傳》曰：「厓眥莫不誅傷。」用厓字者，省文也。《史記·聶政傳》曰：「因自皮面決眼。」當用披面而用皮字者，省文也。《七月》詩曰：「四之日舉趾。」而《漢書·食貨志》引《詩》曰：「四之日舉止。」用止字者，省文也。《長發》詩曰：「聖敬日躋。」而《孔子閒居》曰：「聖敬日齊。」用齊字者，省文也。《前漢·地理志》，清河郡鄃縣，音輸，而《高祖功臣年表》有俞侯呂他，用俞字者，省文也。《孟子》曰：「雖有鎡基，不如待時。」而《前漢·樊噲傳》：「贊曰：『雖有茲基，不如逢時。』」用茲字者，省文也。《説命》曰：「斆學半。」而《禮記·學記》篇引《兑命》曰：「學學半。」用兑字、學字者，省文也。

卷十

孫休四子名

《吴志》，孫休永安五年立子𩅦爲太子。注引詔曰：「名子欲令難犯易避。」「孤今爲四男作名字：太子名𩅦，𩅦音如湖水灣澳之灣，字莔，莔音如迄今之迄；次子名𩃬，𩃬音如兕觥之觥，字𠅨，𠅨音如玄礥首之礥；次子名𧯷，𧯷音如草莽之莽，字昷，昷音如舉物之舉；次子名𡨥，𡨥音如褒衣下寬大之褒，字𤆼，𤆼音如有所擁持之擁。此都不與世所用者同，故鈔舊文會合作之。夫書八體損益，因事而生，今造此名字，既不相配，又字但一，庶易棄避，其普告天下，咸使聞知。」觀國按：古之字書皆篆文，其所從偏旁，有陰陽上下左右曲直之形，皆義理之所存，錙銖之異，而義各有取，不徒設也。至秦始變爲隸，雖變爲隸，然訓釋其義則悉本諸篆文，許慎《説文》之類是也。孫氏爲四男立名字，欲其難犯易避，夫古字之難犯易避者多矣，不用古字，而乃妄意撰造，自爲之音，而不言其偏旁所從之義，徒欲立異，而失先王制字之法，兹所謂好異而不爲異者乎？又第三子字昷，音舉，今按許慎《説文》，昷音温，即温字之所從也，孫氏其閲字書未廣耶？《廣韻》上聲莽字韻既收鉅字，注曰：「吴王孫休子名。」入聲禄字韻又收　字，注亦曰：「吴王孫休子名。」蓋古人訛書鉅爲　，而修《廣韻》者重複誤收之也。梁有四公子，名曰　萬。杰，桀。曰蜀攜。闖，丑禁切。曰仉掌。膂，覩。曰𢿘曠。鷳，湍。亦好怪之甚者也。隋文帝本封隨國之爵，及即帝位【二】，乃去隨之辵而爲隋，以爲國號。按字書，隋，徒果切，其義則落也，懈也，裂肉也。《玉篇》隋亦作墮。隋文帝不審其字形離合之義，而輕於增損，祇取笑於後世耳。《唐書》則天武氏自制十有二字，曰曌照。　天。埊地。　日。囝月。〇星。　君。　臣。　載。　初。　年。　〇正。而則天自名曌，取古人已制之字而改易之，意者古人已制之字未盡善耶？茲亦可謂贅矣。按《集韻》載則天自制者十有八字，於唐史十有二字之外，復有六字，如　人。　字、圀國。　字之類，皆見於當時薛稷所書之碑，則知則天所自制者，不止乎十有二字，蓋唐史所載未之盡也。至五代南唐劉　，初名巖，採《周易》「飛龍在天」之義爲　，音儼以名，茲又見其不知量也。

守

守字音首、音狩二音。太守之守當音狩。按《廣韻》上聲守字音首，注曰「主守也」；去聲守字音狩，注曰「太守也」。《舜典》巡守止用守字。《春秋》僖公十二年《左氏傳》曰：「王以上卿之禮饗管仲，仲辭曰：『臣，賤有司也，有天子之二守國、高在。』」杜預注

【二】及即帝位　原作「及帝即位」，據武英殿聚珍本和《四庫全書》本改。

曰：「國子、高子，天子所命爲齊守臣。」陸德明《音義》曰：「守，手又反。」又僖公二十四年《左氏傳》曰：「天子蒙塵於外，敢不奔問官守？」杜預注曰：「官守，王之羣臣。」又《傳》曰：「衛人將伐邢，禮至曰：『不得其守，國不可得也。』」杜預注曰：「守謂邢正卿國子。」又僖公二十八年《左氏傳》曰：「奉夷叔以入守。」又文公七年《左氏傳》曰：「箕鄭居守。」又宣公十年《左氏傳》曰：「凡諸侯之大夫違，告於諸侯曰：『某氏之守臣某。』」又昭公二十三年《左氏傳》曰：「古者，天子守在四夷。天子卑，守在諸侯。諸侯守在四鄰。諸侯卑，守在四竟。」陸德明《音義》皆曰：「守，手又反。」蓋手又反者，讀音狩也。時未稱太守，然亦音狩也。顏延年《五君詠》曰：「仲容青雲器，實稟生民秀。達音何用深，識微在金奏。郭奕已心醉，山公非虛覯。屢薦不入官，一麾乃出守。」此正用太守字，音狩也。然則凡稱太守，皆當讀音狩可知矣。亦如宿字音肅、音秀二音，凡天星皆當音秀，若二十八宿、列宿之類是也。又宿留二字皆去聲，讀爲秀溜。《漢書・郊祀志》曰：「天子至東萊，宿留之數日，毋所見。」又曰：「宿留海上，與方士傳車。」《孟子》曰：「於崇，吾得見王，退而有去志。」趙岐注曰：「不欲即去，故且宿留。」《廣韻》去聲曰：「宿留，停待也。」然則宿字二音，讀之當分別，不可混也。又如枕字，分上聲、去聲二音，若「枕股而哭」、「枕轡而寢」、「飲水曲肱而枕之」、「枕流漱石」，與夫「枕戈」、「枕江」之類，皆去聲也。上聲爲實字，去聲爲虛字，二聲有辨也。至如「臚傳」、「鴻臚」之臚，音盧，而俗讀音盧。「潁川」、「潁考叔」皆音永【二】，而俗讀音郢。「璟玉」、「璟明」之璟音烱，而俗讀音景。若此類，皆非有假借音也，俗誤讀之耳。

寧甯

《史記·秦本紀》太史公載賈誼《過秦論》曰：「六國之士有寧越。」徐廣注曰：「或自別有此人，不必甯越也。」觀國按：古人寧、甯二字通用，故《史記·酷吏傳》有寧成，而《前漢·酷吏傳》有甯成，乃一人也。又《前漢·地理志》，上谷郡有廣寧縣，《晉書·地理志》，上谷郡有廣甯縣，則寧、甯二字通用也。《史記·魏世家》曰：「通韓上黨於共、甯。」徐廣注曰：「朝歌有甯鄉。」劉昭注引《史記》：「通韓上黨於共、寧。」則寧、甯二字通用也。《前漢·禮樂志》樂歌曰：「泰尊柘漿析朝酲，微感心攸通修名。周流常羊思所并，穰穰復正直往甯。」甯乃寧也。《前漢·王莽傳》曰：「太后詔羣下勸職，永以康甯。」蓋康甯即康寧也。《晉書》「寧馨兒」，文士多用作「甯馨」。以此攷之，則《過秦論》所謂寧越乃甯越也，徐廣以爲「自別有此人」，誤矣。《春秋左氏傳》曰：「陳靈公與孔寧、儀行父飲酒。」又曰：「納公孫寧、儀行父於陳。」而《公羊傳》曰：「納公孫甯、儀行父於陳。」蓋寧、甯通用也。《禮運》曰：「諸侯非問疾弔喪而入諸臣之家，是謂君臣爲謔。」鄭氏注曰：「陳靈公、孔甯、儀行父數如夏氏。」陸德明《音義》曰：「《左傳》作寧，《公羊》作甯，

【二】潁川潁考叔皆音永　「叔」原作「甫」，據孫文昱《學林考證》改。

各依字讀。」觀國按：陸德明謂「各依字讀」，則讀寧爲平聲，讀甯爲去聲矣。陸德明初不悟二音通用，而云「各依字讀」，非也。

冰

許慎《説文》仌字音兵，冰字音凝，亦作凝。今詳《説文》仌字只從重人，其冰字乃凝字，無他音，不知後人何故以冰爲仌而音兵也。蓋冰字從仌從水而音凝，則於義爲正。《爾雅》曰：「冰，脂也。」郭璞注曰：「《莊子》云『肌膚若冰雪』。冰雪，脂膏也。」《爾雅》用冰字爲凝字，而《莊子》亦用冰爲凝字，而今之書史書用冰音兵者，當是秦、漢閒變篆爲隸時所改也。許慎，後漢人也，《説文》尚以冰爲凝者，蓋《説文》本纂集古文而後成，古文仌音兵，冰音凝，不可改故也。王文公《筆録》曰：「李陽冰善篆」，而不知冰字乃凝字，自後只呼爲李陽凝，蓋戲之也。唐故事，尚書祠部號冰廳，讀冰作去聲，言事簡清冷也。歐陽文忠公《和梅聖俞從登東樓》詩曰：「自憐曾預稱觴列，獨宿冰廳夢帝關。」而用冰作平聲者，但欲順詩句平仄用之耳，歐公不應誤也。韓愈爲分司郎官，《上鄭相公啟》曰：「分司郎官職事，惟祠部爲煩且重，愈獨判二年，日與宦者爲敵，相伺候罪過，惡言詈辭，狼藉公牒，不敢爲恥，實慮陷禍，故用懷狀乞與諸郎官更判。」觀國按：愈啟所言，則祠部非事簡清冷之司也，當是憲宗時偶然省曹事多，而愈適當其任故耳。冰又爲箭筩之蓋，《春秋》昭公十四年《左氏傳》曰：「懷錦奉壺飲冰以蒲伏焉。」又二十五年《傳》曰：「公徒釋甲執冰而踞。」又二十七年《傳》曰：「豈其伐人，而脱甲執冰以游。」杜預注曰：「冰，櫝圓蓋也。櫝圓是箭箙，其蓋可以取飲。」

參

草書法，喿字與參字同形，故晉人書操字皆作摻，今法帖碑本中王操之書皆作摻之，殊不知摻字乃音所咸切，又音所減切。《詩》曰「摻摻女手」是也。後漢禰衡爲漁陽參撾，參音七紺切，參撾者，擊鼓也。文士用參撾字，或用爲摻，或用爲傪，皆讀音七紺切，蓋假借也。徐鍇博學多識，時有修字官，凡字有從參者，悉改從喿。鍇曰：「非可以一例，如《漁陽參》『黄塵蕭蕭白日暗』，則從參者固不可改喿也。」衆皆服其説。古人草書繰字作縿字，蓋繰音騷，乃繹繭爲絲者，縿音衫，乃旌旗之斿也。又草書澡字作滲字，蓋澡音早，而滲音所禁切也。又草書趮字作趻字，蓋趮音躁，而趻音驂也。若據草書而改變隸體，則礙矣。又如草書方字類才字，故於字改爲扵，遊字改爲遊。又草書𢇍爲迷，故斷字改爲断，繼字改爲継。如此類甚多，皆非法也。

員錯屈

《唐書》，員半千，其先以忠烈似伍員而賜姓。《唐書·吉王傳》曰：「員半千爲控鶴内供奉。」《唐書音義》曰：「員，王問切。」《元和姓纂》去聲員字注備言員半千其先因慕伍員而得姓，則伍員之員音運也，員半千姓亦音運也。《廣韻》去聲員音運，姓也。注曰：「《前燕録》有金城員敞，唐有棣州刺史員半千。」則伍員之名，員半千之姓，同讀音運可知矣。《春秋左氏傳》凡言伍員，陸德明《音義》皆音云，非也。音云惟有鄖姓，蓋員亦音云，而非姓也。緣陸德明音伍員爲云，故文士亦作云音用之。前賢詩有「伍員忠盡江頭死，范蠡功成湖外游」之句，作云音也，皆陸德明唱其誤也。《前漢》鼂錯，潁川人。晉灼注曰：「錯音厝置之厝。」顏師古引《漢·申屠嘉傳·序》曰：「責通請錯，匪躬之故。」以韻而言，則鼂錯音厝也。潘安仁《西征賦》曰：「殞吴嗣於局下，蓋發怒於一博。成七國之稱亂，翻助逆以誅錯。恨過聽之无討，滋阻善而勸惡。」此又用鼂錯作入聲，倉各切，蓋隨賦韻之音而借用也。然古人假借字音雖多，惟姓與名當專一音，不可假借他音，安仁誤矣。《廣韻》曰：「屈，九勿切。屈産出良馬，地名也。亦姓，楚有屈平。」故《春秋左氏傳》，晉使夷吾居屈，而楚之諸屈咸爲卿大夫。陸德明《音義》皆曰：「屈，九勿切。」《前漢·地理志》有北屈縣，即晉公子夷吾所居也。引汲郡古文曰：「翟章救鄭，次於南屈。」

景氏、懷氏、田氏五姓關中，與利田宅。顏師古注曰：「屈，九勿反。」然則屈地與屈姓皆九勿反，非屈伸之屈也。屈伸之屈爲區勿切，讀之不可不別也。

顏師古注曰：「屈，九勿切。」《前漢·高祖帝紀》，九年十一月，徙齊、楚大族昭氏、屈氏、

稱秤

許慎《説文》稱字分平聲、去聲兩音，而無秤字。《廣韻》平聲稱字處陵切，知輕重也；去聲稱字昌證切，銓度也，俗作秤。觀國按：《禮記·月令》曰：「同度量，鈞衡石，角斗甬，正權概。」鄭氏注曰：「稱上曰衡。」「稱錘曰權。」《前漢·律曆志》曰：「權者銖、兩、鈞、斤、石也。」孟康注曰：「稱之數始於銖，終於石。」以此觀之，則兩漢止用稱字，未用俗書秤字也。用俗書秤字，其晉、魏以下乎？杜子美《寄劉峽州》詩曰：「家聲同令聞，時論以儒稱。」又曰：「姹女縈新裹，丹砂冷舊秤。」蓋稱、秤乃一字也，一篇詩中押稱、秤二字，不可也。雖然，俗書秤字蓋生於草書稱字。按草書法，爯字與草書平字相類，因而訛書作秤也。字因草書而訛變其體者甚多，不特此也。

扁

《廣韻》扁字注云：「姓也，盧醫、扁鵲是也。」又鼒字注云：「姓也，《莊子》有鼒缺。」

又嫛字注云：「姓也，《莊子》有嫛荷甘。」觀國按：《史記》，扁鵲姓秦名越人，或在趙謂之扁鵲。《莊子》齧缺、王倪、嫛荷甘之屬皆寓言，非真有是人也。説者謂齧缺喻道之不全，王倪喻道之端倪，嫛荷甘喻隨流而無決者，以至被衣、善卷之屬皆類此，蓋寓言也。如《子虛賦》之亡是公、烏有先生也，字書豈可遂著以爲姓耶？又《前漢·古今人表》，王倪、齧缺、被衣皆居第二等，誤矣。今世傳《高士傳》一集，盡取《列子》、《莊子》寓言之人齧缺、王倪、被衣、善卷之類，各立一傳，亦誤矣。

景

古之日影字不從彡，只用景字。《周禮》以土圭正日景之法，日南則景短多暑，日北則景長多寒，日東則景夕多風，日西則景朝多陰，日至之景尺有五寸。又曰：「識日出之景與日入之景」，凡此所用景字，蓋謂日影也。後人加彡而爲影，故許慎《説文》無影字，而徐鉉《字義》曰：「景非設飾之物，不合從彡。」以此知是俗書影字，於偏旁之義皆不可攷。《詩》曰：「高山仰止，景行行止。」鄭氏箋曰：「景，明也。」「有高德者，則慕仰之；有明行者，則而行之。」然則景無欽仰之義，而後世遂以仰景爲欽慕之義字。《史記·三王世家》武帝制曰：「『高山仰之，景行嚮之』，朕甚慕焉。」曹丕《與鍾繇書》曰【三】：「高山景行，私所慕仰。」凡此用景字，未嘗誤也。自南北朝人名有景儉、景仁之稱，當時誤用

【三】曹丕與鍾繇書曰 「書」字原缺，據孫文昱《學林考證》補。

景字之義，故後之循其誤者不已，而用景爲仰慕者寖廣矣。有士人慕陶淵明作景陶軒，黄庭堅嘗見之，知其誤用景字。用字之際，不可不審也。

射

射音麝，又音石，此二音觀國攷其義，則二音異義也。統言射之名，則音麝，及致力於弓矢之事，則音石。若射御、射法、射儀、大射、聘射、射以觀德、仁者如射、若射之有志，凡此皆統言射之名，則讀音麝也。若射虎侯、射熊侯、射豹侯、射豻、射麋、射隼於高墉之上、射雉一矢亡、井谷射鮒、弋不射宿、孔子射于矍相之圃、桑弧蓬矢六以射天地四方、左射貍首、右射騶虞、管仲射齊桓公中帶鉤、射其左越於車下、射其右斃於車中、子都自下射之顛、李廣見草中石射之没羽，凡此皆致力于弓矢，當讀音石。陸德明諸經《音義》亦於此音石矣。史傳多言「善騎射」，亦當音石。杜子美《醉墜馬》詩曰：「向來皓首驚萬人，自倚紅顔能騎射。」於入聲韻中押，則騎射音石也。以此攷之，則麝、石二音其義不同矣。漢有大鴻臚射咸，姓音麝。吴有中書郎射慈，姓音石。蓋姓亦分二音也。《春秋》昭公四年《左傳》曰：「楚沈尹射奔命於夏汭。」《釋音》曰：「射，食亦反。」又昭公五年《左傳》曰：「薳射以繁揚之師會於夏汭。」《釋音》曰：「射，食夜反。」蓋名亦分二音也，不可以無别。

劭

潘岳《河陽縣》詩曰：「誰謂晉京遠？室邇身實遼。誰謂邑宰輕？令名患不劭。」五臣注《文選》曰：「劭，平協韻。」蓋「平協韻」者，讀音韶也。觀國按：《前漢·成帝紀》：「陽朔四年詔：『先帝劭農，薄其租税，寵其强力，令與孝弟同科。』」蘇林注曰：「劭音翹，精異之意也。」晉灼注曰：「劭，勸勉也。」潘岳詩以遼字、劭字爲韻，則音劭爲翹也。五臣當别出翹音，而曰「平協韻」者，是于劭音作「平協韻」爲韶音耳。蓋五臣未嘗知有翹音，故但曰「平協韻」而已，非也。《南史·宋元凶傳》曰：「元凶名劭，字休遠。」「初命之曰劭，在文召刀爲劭，後惡焉，改刀爲力。」觀國按：字書劭字從召從力，不從刀也，所謂「在文召刀爲劭」者，蓋初未嘗攷究字義，而遽爲臆説耳。

尊

尊字乃古之酒尊字，《周禮·司尊彝》、《禮記》有虞氏之尊、夏后氏之尊、商尊、周尊之類是也。又有罇、樽二字，古文所不載，當是後人所增。許慎《説文》曰：「尊，酒器也。」《廣韻》曰：「尊亦作罇、樽，從缶從木，後人所加。」觀國謂詩賦中若用尊字爲韻，不可更押罇、樽二字。杜子美《奉漢中王手札》詩曰：「國有乾坤大，王今叔父尊。」又曰：「從容草奏罷，宿留奉清罇。」雖意各别，然其實尊、罇只是一字，譬猶昏之與婚，女之與汝，匊之有掬，與之有歟，本一字也。苟出于俗書，則不可並用以爲韻。若一字而二音或三音者，可也。杜子美《贈王倚飲歌》曰：「煎膠續絃奇自見。」又曰：「只願無事長相見。」凡此一字而二音也。又子美《奉先縣詠懷》詩曰：「幼子飢已卒。」又曰：「貧窶有倉卒。」又曰：「因念遠戍卒。」此一字而三音也。若尊、罇、樽三字，既本一字，又本一音，其可以同韻而押乎？字爲俗書所增者多矣，如回之有迴，園之有薗，果之有菓，欲之有慾，席之有蓆，裴回之有徘徊，仿佛之有髣髴，此其顯然者，不可同韻而押也。

刺剌

刺字音次，又音戚。剌字盧達切。二字偏旁音義皆不同。今按刺字從朿，於篆文爲勅，剌字從束，於篆文爲勅，偏旁異也。刺字音次，若《詩》之美刺是也。又音戚，若《陳平傳》「解衣贏而佐刺船」是也。剌音盧達切，謚法曰「暴民無親曰剌」，乃惡謚也。漢武帝子燕王名旦者，謀反自殺，謚曰「剌王」。王莽賜平阿侯王仁謚曰「剌侯」。唐高祖子元吉謚曰「巢剌王」之類是也。剌又爲乖戾之意，《前漢・劉向傳》曰：「朝臣舛午，膠戾乖剌。」顏師古注曰：「剌音盧達反，言相違背也。」《唐書・啖助傳》曰：「屬綴不倫，序事乖剌。」韓愈《上佛骨表》，憲宗怒曰：「言何乖剌耶？」此類是也。刺、剌二字異體書之乃可辨。

繦疊

《前漢・食貨志》曰：「萬室之邑必有萬鍾之臧，臧繦千萬；千室之邑必有千鍾之臧，臧繦百萬。」孟康注曰：「繦，錢貫也。」顏師古注曰：「繦，居兩反。」《管子》曰：「凶歲糴釜十繦。」蓋繦字旁從糸，則繦錢貫也，今俗謂錢爲繦而從金者，誤也。許慎《說文》曰：「疊，古理官決罪，三日得其宜乃行之，從晶從宜。」王莽以爲疊三日太盛，改爲三田，今爲疊字，非古也。古之戰陳字只有陳字，不從車，如衛靈公問陳，《春秋左氏傳》魚麗陳，《周禮》大司馬教戰陳，其字皆作陳。晉王羲之作《字篇》，始變爲陣字，非古也。馬廄之廄，其字從广，下從殷，去秋切。後世俗書多誤爲广下既，非也。字爲俗書改其體者甚多，如顧之頋，霸之覇，喬之喬，獻之献，國之国，廟之庿，亂之乱，殺之煞，趨之趋，虧之虧，钱之氽，齊之斉，學之斈，齋之斎，臺之臺，寶之宝，驅之駈，棲之栖，鹽之塩，甕之瓮，總之揔，麥之麦，兔之兎，遲之遟，著之着，㮚之栗，繩之绳，飯之飰，備之俻，凡此皆流俗不曉義理者咸用之，而字書如《廣韻》、《集韻》亦有取而附在正字之下者，皆非法也。如世俗書蠶字作蚕，蚕乃音腆也；書船字作舡，舡乃音江也；書本字作夲，夲乃音滔也；書體字作体，体乃音坌也；書關字作関，関乃音卞也；書商字作啇，啇乃音的也；書須字作湏，湏乃音古文頮字也。又如宜、㝠、富、寇皆從宀，而俗書爲冝、冥、冨、冦。況、沖、梁、涼皆從水，而俗書爲况、冲、梁、凉。廚、廳皆從广，而俗書爲厨、廰。博、協皆從十，而俗書爲愽、恊。凡此類，皆失字之本體者也。又如炁字音氣，出於道書；梵字扶泛切，出於釋典；乜字彌也切，出於番姓。如此猥釀增益者，又不可勝紀，字學之敝甚矣。

盼眄盻

盼、眄、盻三字三音，偏旁不同，義亦不同。盼從分，普莧切，字書曰「黑白分也」，詩所謂「美目盼兮」是已。眄從丏，音面，字書曰「邪視也」，《列子》所謂「始得夫子之一眄」，鄒陽書所謂「莫不按劍相眄」是已。盻從兮，音睨，字書曰「恨視也」，《孟子》所謂「使民盻盻然，將終歲勤動，不得以養其父母」是已。三字音義雖異，而偏旁易於相亂，故世俗多誤書。當書盼或誤爲眄，當書眄或誤爲盻。左太沖《詠史》詩曰：「左眄澄江湘，右盼定羌胡。」其用眄與盼不相混也，俗自易於混疑耳。世言顧眄謂邪視也，而多誤讀爲顧盼。袁彦伯《三國名臣贊》曰：「六合紛紜，民心將變。鳥擇高梧，臣須顧眄。」杜子美《石硯》詩曰：「公含起草姿，不遠明光殿。致乎丹青地，知汝隨顧眄。」蓋於義則有顧眄而無顧盼，古之文士未嘗誤用也，世俗多誤讀顧眄爲顧盼耳。世俗雖誤讀，然文士不可誤讀也。

邵卲

邵從召從邑，於篆文爲　。卲從召從卩，於篆文爲　。二字同音市照切，而偏旁不同。諸字書曰，邵，晉邑也。又姓，邵公奭之後，亦作召，《詩》之召公、《召南》是也。諸字書曰，卲，高也。揚雄《法言》曰：「年彌高而德彌卲者，是孔子之徒歟？」吴祕注皆曰：「卲，高也。」邵、卲二字訓義不同，不相通用，今《禮部韻畧》去聲收邵字，而不收卲字，設或賦中用彌卲字爲韻，遂無韻可押。

冑胄

甲冑之冑與世胄之胄同音伷，然甲冑之冑下從月，世胄之胄下從肉，若一體書之，則爲無别矣。又如杲字古老切，上從日也；杲字側狡切，上從月也。冃音冒，從冂從二也。又如郤字去戟切，右從邑。卻字去略切，右從卩。蓋郤姓也，晉有大夫郤獻子，俗作郄者是也。卻，退也，俗作却者是也。又如伏字右從犬，音服，字書曰：「藏隱也。」　字右從大，音大，字書曰：「地名，在海中也。」亦如笑字音肖，下從夭；　字音替，下從大，車也。又如陜音閃，從夾，内二入也；　陜音洽，從夾，内二人也。陜州在弘農，本陜縣，後魏改爲州。陜亦作狹，亦作陿，其義則隘也。又如受音壽，下從又，容納也；　音到，下從丈，姓也。字形相疑似者多互書之，不可不詳别也。朮字於篆文爲𣏟，不從木也，而《玉篇》於木部中收朮字，則誤矣。字書猶不免誤焉，而況於流俗乎！

曾

《爾雅》曰：「子之子爲孫，孫之子爲曾孫。」郭璞注曰：「曾猶重也。」《爾雅》又曰：「父爲考，母爲妣。父之考爲王父，父之妣爲王母。王父之考爲曾祖王父，王父之妣爲曾祖王母。」郭璞注曰：「曾猶重也。」觀國按：曾孫、曾祖之曾當讀爲層，古人用層字只書作曾字。曾孫者，言重疊層層爲孫也；曾祖言重疊層層爲祖也，故郭璞注《爾雅》曰「曾猶重也」，則曾孫、曾祖之曾音層可知矣。《信南山》詩曰：「曾孫田之。」又曰：「曾孫之穡。」又曰：「曾孫壽考。」《甫田》詩曰：「曾孫來止。」又曰：「曾孫不怒。」又曰：「曾孫之稼。」又曰：「曾孫之庾。」《大田》詩曰：「曾孫是若。」《行葦》詩曰：「曾孫維主。」《維天之命》詩曰：「曾孫篤之。」鄭氏箋曰：「曾猶重也，自子孫之子而下，事先祖，皆稱曾孫。」按鄭氏箋曰「曾猶重也」，則《詩》凡言曾孫，皆讀音層亦可知矣。《書》曰：「惟有道曾孫周王發。」《周禮》曰：「詔女曾孫，諸侯百福。」《禮記》曰：「曾孫侯氏，四正具舉。」凡此類言曾孫一體也。

丱

許慎《説文》曰:「磺,胡猛切,樸也,亦作丱,古文也。故《周禮》有丱人掌金玉錫石之地。」鄭氏注曰:「丱之言礦也,金石未成器曰礦。」觀國按:磺亦作礦,丱亦作鉗,則丱者,古文礦字也。《周禮釋音》,丱音胡猛切。王荆公引《詩》「總角丱兮」以釋丱人之義,取其有分别之義。若然,則丱兮音慣,而丱人亦音慣矣。若丱人音慣,則字書丱人之丱當棄而不用也,故荆公《字説》收礦字而不收丱字,恐丱字未可遽爾削去也。《禮記》曰:「天子之六府,有司貨。」鄭氏注曰:「司貨,丱人也。」陸德明《音義》曰:「丱,胡猛切。」義甚明也。《廣韻》上聲於礦字訓曰「金礦璞也」,於丱字訓曰「金玉未成器也」,又二字分二切,則誤矣。《禮部韻略》上聲丱字胡猛切,金玉未成器也,礦字古猛切,銅鐵樸石也,亦誤矣。蓋丱、礦乃一字一義也。《廣韻》、《禮部韻略》皆分作二字二義,而所訓二義又同而無别,蓋《廣韻》唱其誤,而《禮部韻略》襲其誤也。

湛

浮沈之沈亦作湛,《廣韻》引《漢書》曰「且從俗浮湛」是也。俗書有從冗作沉者,非是。攷之字書,冘字、甚字偏旁作通用者亦多,故訦亦作諶,忱亦作愖,疣亦作瘎,妉亦作媅，跕亦作踸，然則沈亦作湛，蓋古文也。沈又音去聲，讀音鴆，《春秋》宣公三年《左氏傳》曰：「蔡侯歸，及漢，執玉而沈。」又襄公十八年《左氏傳》曰：「晉侯伐齊，獻子以朱絲係玉二瑴而禱，沈玉而濟。」《周禮》：「以牡橭午貫象齒而沈之。」《列子》曰：「流於北極，沈於大海。」《史記・屈原傳》曰：「屈原沈汨羅。」《前漢・溝洫志》曰：「自臨決河，湛白馬玉璧。」又《瓠子歌》曰：「搴長茭兮湛美玉。」《後漢・祭祀志》曰：「沈用白馬珪璧各一。」《晉書・杜預傳》曰：「預爲二碑，紀其勳績，一沈萬山之下，一立峴山之上。」凡此沈字皆讀音鴆者也。當讀音鴆者，不可移而爲平聲，蓋義各有所歸。

戲下

《前漢・高祖紀》曰：「沛公已定關中，羽大怒，使黥布等攻破函谷關，遂至戲下。」《高祖紀》又曰：「諸侯罷戲下，各就國。」顔師古注曰：「戲音許宜反，亦讀曰麾。」《前漢・衛青傳》曰：「都尉韓説從大軍出窴渾，至匈奴右賢王庭，爲戲下搏戰獲王，封説爲龍頟侯。」顔師古注曰：「戲讀曰麾，又音許宜反。言在大將軍麾旗之下，不别統衆也。」《前漢・灌夫傳》曰：「馳入吴軍，至戲下。」顔師古注皆曰：「戲，大將之旗也，讀與麾同。又音許宜反。」觀國按：　顔師古每注皆兩存音者，非也。今以史辭攷之，則戲下讀音麾是也。其音許宜反者，非麾旗之戲，蓋秦中自有地名戲者。《漢・高帝紀》曰：「陳涉之將周章西入關，至戲。」顏師古注曰：「戲，許宜反。戲在新豐縣東，今有戲水驛。」按《後漢·郡國志》，京兆新豐縣東有戲亭，此即顏師古所謂許宜反者也。師古注此新豐之戲已得當矣，而於「戲下」之注又每引許宜反，何耶？蓋師古牽於疑似而不能痛決之也。《灌夫傳》又曰：「坐乃起，稍稍去。嬰去，戲夫。」又曰：「蚡乃戲騎縛夫。」按此二戲字皆讀音麾。「嬰去，戲夫」者，竇嬰去而招麾令灌夫亦去也。「戲騎縛夫」者，田蚡指麾其從騎收縛灌夫也，與戲下之戲同意。

他音字

識、志二字通用，《前漢·溝洫志》贊云：「孔子曰：『多見而識之，知之次也。』」顏師古曰：「識亦作志，記也。」劉歆移書責《五經》博士曰：「文、武之道，未墜於地。在人，賢者志其大者，不賢者志其小者。」《武成》曰：「武王伐商，往伐歸周，識其政事。」孔安國曰：「記商家政事以爲法。」《周禮》：「匠人營國爲規，識日出之景與日入之景。」《列子》曰：「小子識之。」《前漢·郊祀志》曰：「鼎文鏤無款識。」凡此類識字皆讀爲志也。《廣韻》平聲曰：「料，落蕭切，料理也。」去聲曰：「料，力弔切，度量也。」然則用料理字，當讀爲落蕭切。《莊子》曰：「疾走料虎頭，編虎須。」《音義》曰：「料音聊。」左太沖《蜀都賦》曰：「敷蘂葳蕤，落英飄颻。神農是嘗，盧附是料。」蓋作平聲用料字也。《廣韻》平聲曰：「屏，府盈切，徬徨也。又薄經切，扆也。」去聲曰：「必郢切，蔽也。」然則用屏營字，當讀作府盈切，故李陵《與蘇武》詩曰：「屏營衢路側，執手野踟蹰。」五臣注《文選》曰：「屏營，恐懼也。」字書去聲先音霰，故《緜》詩云：「予曰有先後。」《瞻仰》詩曰：「不自我先。」《小弁》詩曰：「尚或先之。」《周禮》：「虎賁氏掌先後王。」「大司馬以先愷樂。」《春秋左氏傳》曰：「先人有奪人之心。」引《詩》曰：「元戎十乘，以先啟行。」凡此類，《音義》皆曰蘇薦切，故《毛氏詩》曰：「相道前後曰先後也。」巾字讀爲去聲者，若《歸去來》云「日暮巾柴車」，左太沖《吴都賦》曰「巾玉輅」，張景陽《七命》曰「巾雲軒」。凡此皆讀作去聲，惟《周禮・巾車》作平聲，蓋《周禮・巾車》，王禮也。餘讀作去聲者，上下通用也。王字讀作去聲者，若《詩》之《七月》「陳王業」，「噫嘻成王」，《春秋左氏傳》曰「霸王之器也」，杜預《春秋左氏傳・序》曰「吾乃今知周公之德與周之所以王」，又曰「修《春秋》，立素王」，又曰「會成王義」，《易傳》曰「包犧氏之王天下」，孔安國《尚書・序》曰「伏犧氏之王天下」，陸德明諸經《釋音》皆音爲去聲也。斡字上聲音管者，若賈誼《弔屈原賦》曰「斡棄周鼎」，《前漢・百官公卿表》曰「治粟内史有斡官」，又《食貨志》曰「有五均六斡」，又曰「斡在縣官」。如淳注曰：「斡鹽鐵，榷酒酤。」凡此皆讀音管也。防字讀作去聲者，若杜預《左氏傳・序》曰「聖人包周身之防」，此類是也。胥字讀作上聲私吕切者，若《周禮》「以比追胥」，「七歲屬象胥」，《桑扈》詩曰「君子樂胥，受天之祜」，揚雄《長楊賦》曰「酌允鑠，肴樂胥。聽廟中之雍雍，受神人之福祜。」諸家音義皆作音私吕切。先達有通譯詩曰：「象胥尊周德，偏師偉漢功。」作上聲用胥字也【四】。幾字讀作去聲音冀者，若《春秋》宣公十二年《左氏傳》曰「庸可幾乎？」《列子》曰「衆人守一狀以求至智，未可幾也」，揚雄《解難》曰「孔子作《春秋》，幾君子之前覩也」，《前漢·郊祀志》曰「方士求神者，莫驗，然益遣，幾遇之」，又曰「幾至殊庭焉」，漢文帝詔曰「朕幾郊祀上帝諸神」，《王莽傳》曰「幾加元服，委政而屬之」，凡此皆讀音冀者也。革字讀音棘者，若《禮器》曰「《詩》云『匪革其猶，聿追來孝』」，《檀弓》曰「夫子之病革矣」，又曰「若疾革，雖當祭必告」，此類是也。《史記·汲黯傳》曰：「大將軍青侍中，上踞厠而視之。」如淳注曰：「厠音側。」孟康注《漢書·汲黯傳》曰：「厠，林邊側也。」今按字書，厠，初吏切，圊也，閒也，次也。側字韻中不收厠字，以此知厠字惟初吏切一音而已。《史記·范雎傳》曰：「卷以簀，置厠中。」《春秋左氏傳》曰：「如厠，陷而卒。」《史記·李斯傳》曰：「見吏舍厠中鼠。」《前漢·吕后紀》曰：「逐産，殺之郎中府吏舍厠中。」此皆厠圊之厠也。《史紀·樂毅傳》曰：「厠之賓客之中。」《前漢·谷永傳》曰：「厠之争臣之末。」此皆閒次之厠也。然則厠字惟一音，而如淳、孟康皆出側音，誤甚矣。凡此皆字有他音者，童蒙多誤讀，當先諭之。

【四】作上聲用胥字也　「上」原作「去」，據孫文昱《學林考證》改

不

「不」字舉世讀爲奔物切，而諸字書並不收此音。許慎《説文》曰：「𠀚，鳥飛上翔不下來也。音方九切。」又甫鳩、甫救二切。《廣韻》平聲曰：「不，弗也。甫鳩切，又甫九切，甫救切。」入聲曰：「不，與弗同。分物切。」觀國竊詳《廣韻》入聲，既收「不」字作分物切，又注釋曰「與弗同」，則讀「不」爲「弗」矣。攷古人用「不」、「弗」二字，幾於通用。《論語》曰「公山弗擾以費叛」，而《春秋》定公十二年《左氏傳》曰「公山不狃帥費人以襲魯」。《書·胤征》曰「辰弗集于房」，而《春秋》昭公十七年《左氏傳》曰「辰不集于房」。《論語》曰「舉一隅不以三隅反，則不復也」，又曰「夫子之言性與天道，不可得而聞也」，而《史記·孔子世家》曰「舉一隅不以三隅反，則弗復也」，又曰「夫子言天道與性命，弗可得聞也已」。此古人以「不」、「弗」二字通用之也。蓋許慎《説文》不收爲奔物切，故諸家字書皆不收。然觀古人多以「不」、「弗」二字並用之，則知字書收字有未盡者，而「不」字當有奔物切之音也。《節南山》詩曰：「天子是毗，俾民不迷。不弔昊天，不宜空我師。弗躬弗親，庶民弗信。弗問弗仕，弗罔君子。」《緜》詩曰：「鼛鼓弗勝。」「肆不殄厥愠，亦不隕厥問。」《山有樞》詩曰：「子有庭内，弗洒弗掃【五】。子有鐘鼓，弗鼓弗考。」「子有酒食，何不日鼓瑟。」《雨無正》詩曰：「浩浩昊天，不駿其德。」「旻天疾威，弗慮弗圖。」《生

【五】弗洒弗掃　「洒」原作「酒」，據《四庫全書》本改。

民》詩曰：「克禋克祀，以弗無子。」「不坼不副，無菑無害。」《抑》詩曰：「人亦有言，靡哲不愚。」「女雖湛樂從，弗念厥紹。」《桑柔》詩曰：「匪言不能，胡斯畏忌。維此良人，弗求弗迪。」凡此《詩》皆於一篇中用「不」、「弗」二字相聯屬而成文也。《大禹謨》曰：「罰弗及嗣。」「與其殺不辜，寧失不經。」《益稷》曰：「帝不時，敷同日奏罔功。」「啟呱呱而泣，予弗子。」《甘誓》曰：「汝不恭命。」「弗用命戮于社。」《五子之歌》曰：「十旬弗反。」「民可近，不可下。」《湯誓》曰：「予畏上帝，不敢不正。」「有衆率怠弗協。」《湯誥》曰：「弗忍荼毒。」「將天命明威，不敢赦。」《伊訓》曰：「山川鬼神，亦莫不寧。」「于其子孫弗率。」《太甲》曰：「茲乃不義。」「予弗狎于弗順。」《盤庚》曰：「汝曷弗告朕。」「若火之燎于原，不可向邇。」《說命》曰：「茲故弗言。」「罔不同心。」《康誥》曰：「暋不畏死，罔弗憝。」《召誥》曰：「奈何弗敬。」「王不敢後用。」《洛誥》曰：「厥攸灼敘，弗其絕。」「儀不及物。」《君奭》曰：「天命不易。」「弗克經歷。」《泰誓》曰：「惟日不足。」「弗克若天。」凡此《書》皆於一篇中用「不」、「弗」二字相聯屬而成文也。《周禮·弓人》曰：「居旱亦不動，居濕亦不動。苟有賤工，雖善亦弗可以爲良矣。」《禮記·祭義》曰：「先王之教，因而弗改。」「錯諸天下，無所不行。」《曾子問》曰：「不得嗣而爲兄弟。」「女氏許諾而弗敢嫁。」《檀弓》曰：「豈不得以。」「噫！弗果從。」《王制》曰：「不及以政，示弗故生也。」《中庸》曰：「不勉而中，不思而得。」「有弗學、學之弗能，弗措也。」《緇衣》曰：「未見聖，若己弗克見；既見聖，亦不克由聖。」凡此《禮》皆於一篇中用「不」、「弗」二字相聯屬而成文也。《易·大壯·象》曰：「君子以非禮弗履。」又《小象》曰：「不能退，不能遂，不詳也。」《隨》卦初九《小象》曰：「出門交有功。不失也。」六二《小象》曰：「係小子，弗兼與也。」由此觀之，則「不」字當有奔物切之音，而字書收字有未盡，蓋可見矣。許慎《說文》不載之字甚多，要當以類求之耳。《神農本草》於菜部載「落蘇」，世謂之「茄子」，讀「茄」爲伽音，而字書「茄」字止音「加」，無「伽」音也。「打」字世呼作丁寡切，而字書「打」字惟音頂，無丁寡切之音也。若此者，古今呼之久矣，雖欲廢之，不可得也。

羨

字書曰，羨，似面切，欲也。又延面切，餘也，延也。《采芑》詩曰：「方叔莅止，其車三千，師干之試。」鄭氏箋曰：「司馬法，兵車一乘，甲士三人，步卒七十二人。宣王承亂，羨卒盡起。」陸德明《音義》曰：「羨，似面切。」今按鄭氏所謂「羨卒盡起」者，謂餘卒盡起也，當音羨爲延面切，《音義》誤也。《周禮·小司徒》曰：「凡起徒卒，毋過家一人，以其餘爲羨。」鄭氏注曰：「羨，饒也。」陸德明《音義》曰：「羨，似面切。」今按「以其餘爲羨」者，家一人之外有餘夫，則免其常役以備非常。「惟田與追胥竭作」，則凡有田獵盜賊之事，雖饒餘之夫盡行矣。當音羨爲延面切，《音義》亦誤也。所謂「無然歆羨」，所謂「臨淵羨魚」，皆似面切也。所謂「壁羨以起度」，所謂「葬有羨道」，皆延面切也。其他經史所稱羨字，皆當以義推之，灼然知其音矣。又衍、延二音亦有延面切之音，《板》詩曰：「及爾游衍。」陸德明《音義》曰：「衍，以戰反。」《後漢·安帝紀》曰：「罷魚龍曼延百戲。」章懷太子注曰：「延，以戰反。」蓋延面切與以戰反同一音也。《前漢·地理志》，江夏郡有沙羨縣，晉灼注曰：「羨音夷。」此又羨字之有別音者，字書不載。蓋地名有別音者，字書多不載。如《前漢·地理志》，右扶風有斄縣，斄音胎。東海郡有承縣，承音證。越嶲郡有卑水縣，卑音班。樂浪郡有黏蟬縣，蟬音提。此類是也。

攘

《甫田》詩曰：「曾孫來止，以其婦子，饁彼南畝。田畯至喜，攘其左右，嘗其旨否。」鄭氏箋曰：「攘當讀作饟。」觀國按：《玉篇》曰：「攘，仁尚切，揖攘也。又汝羊切，攘竊也。」《廣韻》平聲曰：「攘，汝羊切。」去聲曰：「攘，仁尚切。」引《文字指歸》曰：「揖攘也。」然則古之揖攘字用此攘字。詳《詩》言「攘其左右」，當爲揖攘之攘也。鄭氏謂「攘當爲饟」者，饟音餉，其義則饋也。《爾雅》曰：「饁、饟，饋也。」《詩》先言「饁彼南畝」，則既已饟饋矣，然後「揖攘其左右」，而「嘗其旨否」，於先後之序爲不紊。若讀攘爲饟，則既改其字形，又改其字音，併與其義而紊焉。陸德明《音義》曰：「攘音穰，又音餉。」亦誤矣。《良耜》詩曰：「其饟伊黍。」詩中自有饟字，豈可改攘爲饟也。《前漢・藝文志》道家者流曰：「此君人南面之術也，合於堯之克攘。」又《司馬遷傳》曰：「『孔子至於今五百歲，有能紹而明之，正《易傳》，繼《春秋》，本《詩》、《書》、《禮》、《樂》之際。』意在斯乎！小子何敢攘焉！」又《司馬相如傳・封禪書》曰：「進攘之道，何其爽與？」顏師古注皆曰：「攘，仁尚反。」古人固每用此攘字爲揖攘之攘矣，理甚明也。

彎關貫

許慎《説文》：「彎字烏環切，【六】持弓彎關矢也。」《南史・蒯恩傳》曰「彎弓三石」是也。而古人以關、貫二字與彎通用之。《春秋》昭公二十一年《左氏傳》曰：「城怒，而反之。將注，豹則關矣。」杜預曰：「關，引弓也。」陸德明《音義》曰：「關，烏環反。」《孟子》曰：「越人關弓而射之，其兄關弓而射之。」凡此皆用關字爲彎字也。《史記・陳涉世家》引賈誼《過秦論》曰：「士不敢貫弓而報怨。」又《伍子胥傳》曰：「使者捕伍胥，伍胥貫弓執矢嚮使者。」裴駰注曰：「貫，烏環反。」凡此用貫字爲彎也。關、貫二字於字書未嘗音作彎，古人假借依其聲類而用之也。亦如藏者隱藏也，贓者姦贓也，臧者臧否也，史家於三字皆以藏字當之，蓋藏、贓、臧三字義不同，亦不同音，是亦依其聲類而借用之，取其意通而已。

【六】彎字烏環切　「烏」原作「鳥」，據《四庫全書》本和今本《説文》改。

閼

字書閼字分三音，一音烟，一音謁，一音曷。《爾雅》曰：「太歲在甲曰閼逢。」此閼字，讀音烟也。《史記·曆書》曰：「其更以七年爲太初元年，年名『焉逢攝提格』。」《史記》用焉字以代閼字，則閼逢音烟可知矣。太歲在寅曰「攝提格」，「焉逢攝提格」者，甲寅年也。而《爾雅釋音》曰：「閼，烏割反。」誤矣。《前漢·匈奴傳》曰：「冒頓閼氏生少子。」顔師古注曰：「閼氏，匈奴皇后號。閼音烟，氏音支。」凡閼字讀音烟字者，此類是也。《爾雅》曰：「太歲在卯曰單閼。」此閼字讀音謁。《廣韻》曰：「閼，於歇反。」引《爾雅》「太歲在卯曰單閼」，則「單閼」之閼音謁可知矣。賈誼《鵩鳥賦》曰：「單閼之歲兮，四月孟夏。」《史記·賈誼傳》、《前漢·賈誼傳》、《文選·鵩鳥賦》皆音閼爲烏葛反，皆誤矣。若夫閼音曷者，如「夭閼」、「壅閼」之類是也。夫字有忽於目前之習而誤爲音呼者，皆此類。

耤

許慎《説文》曰：「耤，秦昔切，帝耕千晦也。」故天子躬耕謂之耤田。《前漢·食貨志》曰：「文帝即位，時民近戰國，背本趨末。賈誼上書，上感誼言，始開耤田，躬耕以勸百姓。」南朝宋有耤田令，皆只用耤字，耤以借民力爲義，天子躬耕三推，借民力以勸天下也。漢文帝詔曰：「農，天下之本也，其開耤田。」《漢書》於《食貨志》用耤字，而於《帝紀》用藉字，二字義同，可通用之也。蓋藉字有二音，一音秦昔切，一音慈夜切。其音秦昔切者，若「藉田」，若「狼藉」，若「晉大夫藉談」之類是也。其音慈夜切者，若「繅藉五采」，若「藉用白茅」，若「一茅三脊以爲藉」，若「藉手以拜」之類是也。古人用字多假借，亦或作藉，甚至於藴藉字又或用温藉。《史記·義縱傳》曰：「敢行，少藴藉。」《前漢·義縱傳》曰：「敢往，少温藉。」顔師古注曰：「藉，慈夜切。」《史記》、《漢書》又皆以藉字爲慈夜切用之，蓋所謂假借者如此。《揚子·法言》曰：「破楚入郢，鞭尸藉館。」《釋音》：「藉，慈夜切，又慈亦切。」觀國按：《左傳》曰：「庚辰，吴入郢，以班處宫。」是假楚之宫以爲己宫，當音「藉館」之藉爲慈夜切，而《揚子·釋音》不能決，乃列兩音，則非也。《春秋》襄公二十三年《左氏傳》曰：「孟氏將辟，藉除於臧氏。」杜預注曰：「辟，穿藏也。於臧氏借人除葬道。」陸德明《音義》曰：「藉音借。」觀國按：杜預謂「借人除葬道」，故藉字當讀作慈夜切，而《音義》者不悟，遂音藉爲借，誤矣。

尒爹

許慎《説文》曰：「㐭，兒氏切，麗㐭也。」「尒，詞之必然也。」《廣韻》曰：「爾，汝也，義與尒同。」然則尒者乃爾字之首也，後世既書爾爲爾而平其首，又改尒爲尔，是俗書也。姓有尒朱氏、尒綿氏，只用尒字，蓋得姓之始用尒字，固不可變尒爲爾也。後世俗書乃作尔字，故書彌爲弥，書嬭爲妳，書禰爲祢，書獮爲狝，皆非字法也。而俗書㐱字亦作尔，如書珍爲珎，書軫爲軨，書診爲訡，書參爲叅之類，皆因草書㐱字爲尔形，故隸書亦從而變之，然失字法益遠矣。《説文》曰：「㐱，稠髮也。」引《詩》「㐱髮如雲」，亦作鬒，而今世所傳《毛公詩·君子偕老》篇曰：「鬒髮如雲。」毛公訓曰：「鬒，黑髮也。」蓋黑者色也，與稠義不同。既曰「㐱，稠髮」，又曰「鬒，黑髮」，則「㐱」與「鬒」異訓矣。然則許慎所引《詩》當是別本《詩》，作「㐱」字，而《毛公詩》作「鬒」字，㐱、鬒二字雖通用，而訓釋者不當有二義也。

鯫鯖鱣

鯫字，按字書七逾切，淺鯫也。又徂鉤切，魚名也。又仕垢切，小人貌也。《史記·張良世家》云：「沛公曰：『鯫生教我距關，無納諸侯。』」徐廣注曰：「鯫，魚也，仕垢反。」《前漢·張良傳》云：「沛公曰：『鯫生説我距關，毋納諸侯。』」服虔注曰：「鯫，七垢反，小人也。」觀國按：鯫生，小人也，當讀爲仕垢反，徐廣以爲鯫魚，非也。《史記·貨殖傳》曰：「鯫千石，鮑千鈞。」徐廣注曰：「鯫音鮿，鮿魚也。」觀國按：「鯫千石」者，鯫音徂鉤切，魚也。若夫鮿音輒，雖亦魚名，豈可變鯫爲鮿也？蓋鯫從取，鮿從耴，亦音輒，偏旁皆異也。徐廣謂鯫音輒，亦誤矣。《廣韻》上聲曰：「鯫，仕垢切。一曰姓，漢有鯫生。」觀國按：《廣韻》所謂「漢有鯫生」者，豈非以《張良傳》鯫生爲姓鯫之人耶？誤又甚矣。鯖音青，魚名也。《南史・虞悰傳》曰：「悰善爲滋味」，「齊帝就悰求飲食方，悰祕不出。帝醉後體不快，悰乃獻醒酒鯖酢一方而已。」鯖又音征，亦作䰫，亦作脠，煑魚煎食謂之五侯鯖，蓋魚之熟羞者也。《後漢・楊震傳》曰：「有冠雀銜三鱣魚，飛集講堂前。」章懷太子注曰：按《續後漢書》及《謝承書》「鱣字皆作鱓」。又引郭璞注《爾雅》曰：「鱣，知然反，大魚，似鱘而短，鼻口在頷下，大者長二三丈，江東呼爲黄魚。」觀國按：字書鱓字亦作鱣，《謝承書》作「三鱓」，范蔚宗改爲鱣字，鱓、鱣一也。章懷太子不當引郭璞注《爾雅》，故後人皆誤讀作知然反也。蓋音知然反者，《碩人》詩曰：「鱣鮪發發。」《四月》詩曰：「匪鱣匪鮪。」《潛》詩曰：「有鱣有鮪。」注皆曰：「鱣，大魚也。」賈誼《弔屈原賦》曰：「横江湖之鱣鱓兮，固將制于螻蟻。」《文中子》曰：「江湖鱣鯨，非溝瀆所容。」郭璞《江賦》曰：「江豚海狶，叔鮪王鱣。」凡此言鱣，即《爾雅》所謂「長二三丈」者也。一冠雀豈能銜三大魚長二三丈者耶？然則三鱣爲三鱓明矣。《韓子》曰：「鱣似蛇。」正謂此也。按字書，字之從單者與從亶多通用，故禪亦作襢，蟬亦作蟺，僤亦作儃，鱓亦作鱣，則三鱣爲三鱓，可以無疑矣。杜子美《夔府詠懷》詩曰：「敕廚惟一味，求飽或三鱣。」作平聲旃音，蓋承誤用之也。

粻

《南史·顏峻傳》曰：「宋明帝時，歲旱人飢，中書令顏峻上言禁粻一月，息米萬斛。」觀國按：《集韻》曰：「粻音唐，精米也。」諸字書皆無粻字，惟《集韻》收此字，蓋因《顏峻傳》有此字，而《集韻》收之耳。凡米初出糠秕而未精熟，則謂之麤糲，其得米多，及精熟之，則得米少。禁粻者，惟食麤糲而不得精熟米也。然人之常情，與其食麤糲之十，寧且食精熟之八，不知顏峻當時禁粻，如何設法，而月能息米萬斛，其公米耶？其民米耶？不可得而知也。字書又有𥺉字，音蕩。又有䊦字，音伐。二字皆訓曰精米也。今江、浙、荆、湖間人，凡精米皆呼此二音，其字則與粻同。

茸佴

《前漢》司馬遷《答任少卿書》曰：「李陵既生降，隤其家聲，而僕又茸以蠶室。」蘇林注曰：「茸，次也。」顏師古注曰：「茸，音人勇反，推也。蠶室，乃腐刑所居温密之室，謂推致蠶室之中也。」《文選》司馬遷《答任少卿書》曰：「李陵既生降，頹其家聲，而僕又佴之蠶室。」五臣注曰：「佴，次也，音二。」觀國按：班固作《司馬遷傳》去司馬遷未遠，必據司馬遷文用茸字，其義如顔師古注，文意通也。字書曰：「搑，人勇切，推也。」當用搑字。班固省其偏旁，故用茸字耳。自班固作漢史，後又歷四百餘年，梁昭明太子始集《文選》，既不依《司馬遷傳》作茸字，而變爲佴字，是必得於他書也。他書所傳司馬遷文歷年既久，豈無訛謬？然則茸、佴二字義雖均通，猶當以《漢書》爲正，況佴之義偏乎？

蛾

《禮記·學記》篇曰：「夫然後足以化民易俗，近者悦服，而遠者懷之，此大學之道也。《記》曰蛾子時術之，其此之謂乎？」鄭氏注曰：「蛾，蚍蜉也，蚍蜉之子微蟲耳。時術蚍蜉之所爲，其功乃復成大垤。」《釋音》曰：「蛾，魚倚反。」觀國按：《爾雅》曰：「蚍蜉，大螘，小者螘。」《廣韻》曰：「螘，蚍蜉也，同作蟻，亦作蛾。」蓋蛾者，蟻之省文也。《學記》之文自始學積而至於大學，自小成充之至於大成，從微至著，積習有漸，故取譬以蛾子自微積功以成大垤也。其云「《記》曰蛾子時術之」，則古書有此語矣，説《禮》之家引此語以爲喻也。書史亦多用螘爲蛾字者，《春秋》僖公十五年《左氏傳》曰：「蛾析謂慶鄭曰：『盍行乎？』」《釋音》曰：「蛾，魚倚反。」《列子》曰：「先會鬼神魑魅，次達八方人民，末聚禽獸蟲蛾。」揚雄《長楊賦》曰：「稽顙植頜，扶服蛾伏。」顔師古注曰：「蛾與蟻同，言伏如蟲蛾也。」《漢·元帝紀》，建昭元年秋八月，有白蛾羣飛蔽日，從東都門至枳道。顏師古注曰：「蛾若今之蠶蛾。」按此言白蛾者，乃白蟻也，非蠶蛾。若蠶蛾之蛾，則與俄同音。與俄同音者，若《詩》曰「螓首蛾眉」，《爾雅》曰「蛾羅」之類是也。

姓名異音

《禮記·檀弓》篇曰：「知悼子卒，未葬，平公飲酒。杜蕢自外來，聞鐘聲。」鄭氏注曰：「杜蕢或作屠蒯。」《春秋》昭公九年《左氏傳》曰：「晉荀盈卒，未葬。晉侯飲酒，樂。膳宰屠蒯趨入。」《釋音》曰：「屠音徒。」觀國按：「蕢」與「蒯」同音苦怪切，音同而字不同，無傷也。若「杜」與「徒」，乃二音。惟姓與名當專一音，不可以呼二音，當是「屠」字亦讀音「杜」，左氏假借用屠字耳。《史記·孟嘗君傳》有馮讙，裴駰注曰：「讙音歡，又作煖，音許袁反。」觀國按：讙、煖二字不同音，當是有兩名，如袁盎又名絲之類是也。若夫《左傳》言驪姬，又言麗姬，而字書有孋姬，三字不同，而同音驪也。《史記》言酈山，《漢書》言麗山，《唐書》言驪山，三字不同，而同音驪也。《史記》言朝錯，又言晁錯，《漢書》言鼂錯，三字不同，而同音晁也。書史謚閔者，或作愍，或作湣，三字不同，而同音閔也。謚僖者亦作釐，福禧者亦作釐，裁成者亦作財，才智者亦作財，凡此字異而音同者，意通斯可矣。【七】

【七】此條後《四庫全書》本有：「《漢書·匈奴傳》言犬夷，又言畎夷，又言昆夷，而顔師古注又云與混夷、緄夷同，音工本反。凡此字雖不同而各有一義，或出於假借，亦不爲舛也。」《湖海樓叢書》本和武英殿聚珍本闕。

薀【八】

許慎《説文》曰：「薀，積也，於粉切。」《玉篇》曰：「薀，藏也，積也，聚也，蓄也。」《廣韻》曰：「薀，藏也，俗作蘊。引《春秋》薀利生孽。」觀國按：《春秋》隱公三年《左氏傳》曰：「蘋蘩，薀藻之菜。」杜預注曰：「薀藻，聚藻也。」又六年《傳》曰：「見惡如農夫之務去草焉，芟夷薀崇之，絶其根本。」杜預注曰：「薀，積也。」又襄公十一年《左氏傳》曰：「凡我同盟，毋薀年。」杜預注曰：「薀，積也。」蓋皆從温之薀，則知蘊爲俗書矣。薀又音於問切，《史記·酷吏·義縱傳》曰：「敢行，少蘊藉。」《前漢·義縱傳》曰：「敢往，少温藉。」顔師古注曰：「少温藉，言無所含容也。」又《馬宫傳》贊曰：「服儒衣冠，傳先王語，其醖藉可也。」顔師古注曰：「醖藉，如醖釀及薦藉，道其寛博重厚也。」《唐書·李林甫傳》曰：「兵部侍郎盧絢按轡絶道去，帝愛其醖藉。」凡此或用蘊字，或用温字，或用醖字，皆讀爲於問切，有含蓄重厚之意。古人多假借用字，故蘊、温、醖三字雖不同，而其義皆同於薀，以此知訓醖爲醖釀者非也。《易》曰：「《乾》、《坤》其易之緼耶？」韓康伯注曰：「緼，淵奥也。」按字書，緼，枲也，絮也，緜也，亂也，與《易》意不合，蓋亦當用薀字，《易》省文用緼字耳。所謂「淵奥」，亦含蓄之異稱也。《雲漢》詩曰：「旱既太甚，蘊隆蟲蟲。」《毛氏傳》曰：「蘊蘊而暑。」《史記·義縱傳》用蘊藉，皆用俗書蘊字者，蓋變古文爲

【八】薀　「薀」原作「蘊」，據《四庫全書》本改。

隸，變隸爲今文，書史中字多失其原，不足怪也。《南史》王藴，字彦深，以俗書爲名，尤不可。

瞯

《史記・酷吏・郅都傳》曰：「濟南瞯氏宗人三百餘家，豪滑，二千石莫能制。」裴駰注引《漢書音義》曰：「瞯音小兒癇病之癇。」《前漢書・郅都傳》曰：「濟南瞯氏宗人三百餘家。」應劭注曰：「瞯音馬瞯眼之瞯。」顔師古注曰：「瞯音閑。」觀國按：《玉篇》曰：「瞯，胡閒切，眄也。」《廣韻》曰：「瞯，胡閒切，人目多白。又姓，《史記》有濟南瞯氏。」然則音閑是也。馬一目白爲騆，而人目白爲瞯。《孟子》曰：「王使人瞯夫子，果有以異於人乎？」又曰：「而未嘗有顯者來，吾將瞯良人之所之也。」此瞯字亦音閑，其義則所謂眄也。眄者，斜視也。成覸謂齊景公曰：「彼丈夫也，我丈夫也。」此覸字音古莧切，其義則視也。《史記・十二諸侯年表》，宋惠公名覸，與成覸之名同。「陽貨矙孔子之亡也，而饋孔子烝豚。孔子亦矙其亡也，而往拜之。」此矙字音苦暫切，亦視也。在字書爲瞰，亦作矙，揚雄《解嘲》曰：「鬼瞰其室。」《光武紀》曰：「雲車十餘丈，瞰臨城中。」此類是也。瞯、覸、矙三字三音，其義各有攸處。

鶡

《前漢・黄霸傳》曰：「霸代丙吉爲丞相。」「京兆尹張敞舍鶡雀飛丞相府，霸以爲神雀，議欲以聞。」蘇林注曰：「今虎賁所著鶡也。」顔師古注曰：「此鶡音芬，字本作鳻，此通用耳。鳻雀大而色青，出羌中，非武賁所著也。武賁鶡者，黑色，出上黨，以其鬭死不止，故用其尾飾武臣，今時俗所謂鶡鷄者也，音曷，非鳻雀也。」觀國按：《玉篇》曰：「鶡，何葛切，鳥似雉而大，青色有毛角，鬭死乃止。」又曰：「鳻，扶云切。鳻雀似鶡。」以此觀之，則《黄霸傳》所謂鶡雀者，鳻雀也，以其似鶡，故亦謂之鶡雀耳。顔師古以爲鶡、鳻通用，非也。蘇林以爲虎賁所著鶡，亦非也。虎賁所著者，鶡鳥，乃鷄雉之屬，不謂之雀。《後漢・輿服志》曰：「虎賁武騎皆鶡冠，虎文單衣，襄邑歲獻織成虎文。鶡者，勇雉也，其鬭對一死乃止，故趙武靈王以表武士，秦施之焉。」徐廣注曰：「鶡似黑雉，出於上黨。」荀綽《晉百官表注》曰：「冠插兩鶡，鷙鳥之暴疏者也。每所攫撮，應爪摧衄，天子武騎故以冠焉。」傅玄賦注曰：「羽騎戴鶡。」《廣韻》曰：「鶡鳥似鷄，鬭必至死。」推此類以觀之，則鶡非羣飛集於舍屋之物，則《黄霸傳》鶡雀非鬭死之鶡可知已。《前漢・藝文志》道家者流有《鶡冠子》一篇，班固注曰：「楚人也，居深山，以鶡爲冠。」顔師古注曰：「以鶡鳥羽爲冠。」然鶡冠子不顯姓名，蓋其人當時偶以鶡羽爲野服，因名曰鶡冠子，非取於武勇之義也。韓愈有《讀鶡冠子文》，曰：「《鶡冠子》十有六篇，其辭雜黃老刑名，其《博選篇》四稽五至之説當矣，使其人遇其時，援其道而施於國家，其功德豈少哉！」觀國嘗讀其書矣，以虛無爲宗，而變至於參合機會之際，其説不純乎先王之仁義，蓋戰國之際好異之人也。

並

《史記・秦始皇紀》曰：「並海上，北至琅邪。」又曰：「遂並海西至平原津。」又曰：「並海，南至會稽。」又《封禪書》曰：「上乃遂去，並海上，北至碣石。」又《大宛傳》曰：「留歲餘，還，並南山，欲從羌中歸。」《前漢・郊祀志》曰：「始皇南至湘江，遂登會稽，並海上。」又曰：「二世元年，東巡碣石，並海。」又曰：「皆在齊北，並渤海。」又《溝洫志》曰：「並北山東至洛三百餘里。」又《薛宣傳》曰：「三輔賦歛無度，酷吏並緣爲姦。」以上並字，顏師古注曰：「並，步浪反。」《列子》曰：「孔子使人並涯止之。」《唐書・李適傳》曰：「春幸梨園，並渭水祓除。」此並字亦皆讀音步浪反者也。並音步浪反者，其義與旁字、遵字同。《前漢・揚雄傳》曰：「武帝廣開上林，旁南山而西，至長楊、五柞。」《孟子》曰「吾欲觀於轉附、朝儛，遵海而南，放於琅邪」是也。字書並字無步浪反之音，古人借音用之耳。《前漢・地理志》，牂牁郡有同並縣【九】，應劭注曰：「並音伴。」字書亦無此

【九】牂牁郡有同並縣　「牁」原作「柯」，據武英殿聚珍本和《四庫全書》本改。

音，亦借音也。

貲訾

字書，貲，即移切，貨財也；訾亦即移切，思也。二字雖同音，而義不同。然古人於二字通用之。《史記·司馬相如傳》曰：「相如以貲爲郎。」《前漢·司馬相如傳》曰：「相如以訾爲郎。」顔師古注曰：「訾讀與貲同。訾，財也，以家財多得拜爲郎。」觀國按：《司馬相如傳》在《史記》用貲字，在《漢書》用訾字，則貲、訾二字通用之也。《前漢·張釋之傳》曰：「釋之以貲爲騎郎。」如淳注曰：「漢法，訾五百萬得爲常侍。」即所謂「以貲爲郎」者，乃今之入粟也。故《黄霸傳》曰：「武帝末，以待詔入錢賞官，補侍郎謁者，後復入穀，補左馮翊卒史。」又《卜式傳》曰：「輸家財半助邊，拜中郎。」《楊僕傳》曰：「以千夫爲吏。」顔師古注曰：「千夫，武功賞官，令民出錢穀爲之。」凡此皆入貲補官者也。司馬相如、張釋之、黄霸、卜式皆漢名臣，而皆以入貲進，後世乃或恥居之，何耶？漢景帝後元二年詔曰：「今訾算十以上迺得官，廉士無訾，又不得官，朕甚愍之。訾算四得官，亡令廉士久失職。」以此觀之，則漢時廉士亦不以入訾爲恥也。《史記·貨殖傳》曰：「擅其利數世，家亦不訾。」《前漢·枚乘傳》曰：「舉其兵以訾於漢，譬猶蠅蚋之附羣牛。」又《食貨志》曰：「豪富吏民訾數鉅萬。」又《貨殖傳》曰：「成都羅裒訾至鉅萬，臨菑姓偉訾五千萬，雒陽張長叔、薛子仲訾亦十千萬，長安王君房、樊少翁、王孫大卿爲天下高訾。」凡此言訾，當用貲，借用訾字耳。訾又音紫，字書曰：訿，病也，毀也。書史與呰、呰二字通用。《小旻》詩曰：「翕翕訿訿，亦孔之哀。」《毛氏傳》曰：「訿訿然思不稱其上也。」《召旻》詩曰：「臯臯訿訿，曾不知其玷。」《毛氏傳》曰：「訿訿，窳不共事也。」《曲禮》曰：「不苟訾。」鄭氏注曰：「不欲見毀訾也。」《史記・貨殖傳》曰：「以故呰窳偷生，無積聚。」徐廣注曰：「呰窳，苟且惰懶之謂也。」《前漢・地理志》曰：「呰窳偷生，而亡積聚。」潘安仁《西征賦》曰：「呰孝元於渭塋。」曹子建《與楊德祖書》曰：「罪三王，呰五霸。」此類是也。訾又姓也，《前漢・元帝功臣侯年表》有樓虛侯訾順。

雎睢

雎字七余切，與徂同聲，旁從且也。睢字息遺切，與雖同聲，旁從目也。又許葵切。《詩》曰：「關關雎鳩，在河之洲。」《毛氏傳》曰：「雎鳩，王雎也，鳥摯而有別，后妃樂君子之德，慎固幽深，若雎鳩之有別焉。」《爾雅》曰：「雎鳩，王雎。」郭璞注曰：「雎鳩，雕類。今江東呼之爲鶚，好在江渚水邊食魚，鳥摯而有別也。」《玉篇》曰：「雎，七余切，王雎也。又次雎，行難也。」凡此謂雎字，從且者也。《前漢・地理志》，臨淮郡有睢陵縣，梁國有睢陽縣【一〇】。班固曰：「睢陽，故宋國。」顏師古注曰：「睢音雖。」《玉篇》曰：「睢，

【一〇】梁國有睢陽縣　「睢」原作「雎」，據《四庫全書》本改。

息遺切，水名。又許葵切，視貌。」《廣韻》曰：「睢，息遺切，水名，在梁郡，亦作濉。」《春秋》成公十五年《左氏傳》曰：「出舍于睢上。」《史記》、《漢書·高祖紀》皆曰：「大戰彭城靈壁東睢水上，多殺士卒，睢水爲之不流。」《後漢·郡國志》，梁國睢陽縣，劉昭注引《北征記》曰：「睢陽城周三十七里。」又引《地道記》曰：「梁孝王築睢陽城。小鼓唱節，杵下而和之，稱《睢陽曲》。」凡此睢字皆睢水之睢也。其音許葵切者，睢盱也，視貌也，《莊子》所謂「而睢睢、而盱盱」是已。睢、睢二字音與義皆不同，蓋其字偏旁實異也。

封窆

《周禮》「冢人掌公墓之地」，「以爵等爲丘封之度與其植數」，「共喪之窆器」。鄭氏注曰：「丘封之度與其植數，别尊卑也。」「窆器，下棺豐碑之屬。」引《喪大紀》曰：「凡封用綍，去碑負引。」《釋音》曰：「封音彼驗反。」觀國按：《易大傳》曰：「古之葬者，厚衣之以薪，葬之中野，不封不植，喪期無數，後世聖人易之以棺槨，蓋取諸《大過》。」《檀弓》云：「國子高曰：『葬也者，藏也。藏也者，欲人之弗得見也。』反壤植之哉！」所謂壤植，乃封植也。封者，封土爲墳也。植者，植木爲飾也。窆者，下棺也。後世説禮之家乃假封字爲窆字，故鄭氏訓窆器引《喪大記》「凡封用綍」，則假封字爲窆字可知矣。《檀弓》曰：「垂棺而封。」又曰：「商既封而弔。」又曰：「公輸若請以機封。」又曰：「於其封也，亦予之席。」《喪大記》曰：「毋譁以鼓封。」《曾子問》曰：「既封，改服而往。」《王制》曰：「庶人垂封。」《雜記》曰：「既封而退，相見。」凡此封字，鄭氏注皆曰：「封當爲窆。」《釋音》皆曰：「封，彼驗反。」

附録

湖海樓叢書本跋

〔清〕陳　春

王彦賓《學林新編》，於宋人説部中最稱精核，其閒攷書籍之譌脱，證事迹之歧異，辨文字之正借，審音讀之是非，皆元元本本，不爲嚮壁虚造之説，所謂好學深思，心知其意者也。《漢書·敍傳》云：「正文字惟學林。」彦賓命名葢取諸此。舊本流傳頗鮮，武英殿以聚珍版印行，學者始得快覩。閩中覆刻本閒有譌舛，春謹重録開雕，以貽世之願讀是書者。嘉慶十有四年七夕前一日，蕭山陳春識於湖海樓。

學林考證

〔清〕孫文昱

宋王觀國《學林》十卷。觀國，字彦賓，長沙人，政和五年進士，以承務郎知汀州寧化縣。其書命名，葢取《漢書·敍傳》「正文字惟學林」之語。《四庫全書目録》謂南宋諸儒講考證者，不過數家，若觀國者，可謂卓然特出。顧其書自武英殿聚珍板外，舊本流傳頗尠。嘉慶中，蕭山陳春曾刊入《湖海樓叢書》中，稱其書於宋人説部中最爲精核，其間攷書籍之譌脱，證事蹟之歧異，辨文字之正借，審音讀之是非，元元本本，不爲嚮壁虚造之説，所謂好學深思，心知其意者也。今案書中如辨論柳子厚《非國語》數條，及糾陸氏《釋文》之失，謂地名、人名不可兼存二音，持論均極精確。卷一書篇有注兩條，《木瓜》詩有注一條，二王有注一條，卷二亟字有注一條，葢皆校刊是書時所附注，故加案字於上。惟卷七《曹娥碑》，書貞字作卜下貝，注云：「國諱，陟盈切。」則觀國所自注也。湖海樓本亦間有譌舛，輒加校訂重刊之，爰取所改易者，及確知原書之或未審者，著之左方。又原書目録，每卷但著若干則，無細目，今附注細目於下，庶便尋求。丙寅七月己巳朔立秋，湘潭孫文昱識。

卷二

粊

許慎《説文》曰：「粊，音祕，魯東郊地名也。」　案今本《説文》，「粊，惡米也。《周書》有《粊誓》。」無「魯東郊地名」語。

沓

凡此沓字，皆合也，此皆沓字本義，無語言多之義。　案《説文》，沓下云語多沓沓也。从水从曰。徐鉉曰：「語多沓沓，若水之流。故从水會意。」是語言多爲沓之本義，訓合者，借義也。觀國謂合爲本義，無語言多之義，葢失之。

卷三

名諱

《史記・天官書》，改循車徹爲循車通之類。　武英殿本、湖海樓本無「爲循車」三字，案於文義當有，今補。

鴟夷

乃欲富國彊兵。　武英殿本、湖海樓本「國」誤「貴」，今正。

辜孤

《小子》曰：「凡沈辜侯禳飾其牲。」《羊人》曰：「凡沈辜侯禳釁積。」　武英殿本、湖海樓本《小子》作「小祝」，《羊人》作「羊又」，誤，今正。

卷四

璽

永嘉末，爲劉聰所得，石勒滅劉氏，入僞趙。　武英殿本、湖海樓本「末」作「没」，「僞」作「魏」，誤。案《建康實録》原文云：「永嘉末，洛陽不守，爲劉聰所得，及石勒滅趙氏，璽入屬僞趙，冉閔誅石勒，而璽又入冉閔。」今據正。

王喬

今潭州醴陵縣東有王喬仙觀。　武英殿本、湖海樓本「潭州」作「渾州」。案唐有渾州，屬關内道。宋無渾州，蓋「潭」字誤也，今正。

方俗聲語

爹，徒可切，北方人呼父也。　武英殿本、湖海樓本脱「北」字，據《廣韻》補。

斷

斷，當作丁貫切，乃決斷也。　湖海樓本「貫」誤「管」，武英殿本不誤。

甗甈

鄭氏注《周禮》，乃欲改毀事爲甈事。　按鄭氏實用杜説改，故書「甈」爲「毀」，非改「毀」爲「甈」也。

欁

《周禮・春官・肆師》曰，　武英殿本、湖海樓本「肆」誤「肄」，今正。

卷五

徧

《曾子問》曰：「告者五日而偏。」　武英殿本、湖海樓本作《曾子問》曰：「五日則偏過。」誤，今正。

格

《前漢・楊僕傳》曰：「置伯落長。」　按：此乃《王温舒傳》中語。

卷六

霍山

盧江有霍山。　武英殿本、湖海樓本「盧江」均作「盧山」，誤，今正。

龜兹

文士亦或以龜字作鳩音用之。張平子《西京賦》曰：「摭紫貝，搏耆龜。」　武英殿本、湖海樓本「亦或以」作「以或用」，「耆」作「著」，誤，今正。

會缶

颜師古注曰：「會，工外反。」　武英殿本、湖海樓本「工」誤「二」，今正。

卷七

甘泉賦

正瀏濫以宏惝兮，指東西之漫漫，徒回回以皇皇兮，魂固眇眇而昏亂。　武英殿本、湖海樓本「惝」誤「敞」，「固」誤「魄」，今正。

曹娥碑

卜貝文爲与上人。　武英殿本、湖海樓本「与」作「與」，則與「貞」字形體不合，今正。

卷八

雙聲疊韻

炫、護同爲脣音。　按《廣韻》，炫字，黄練切；　護字，胡誤切，均係喉音，匣母，合呼，非脣音也。

村字是脣音，草字是齒音，吹字是脣音，唱字是齒音，此非同音字，不可謂之雙聲也。按《廣韻》，村字，此尊切；　草字，采老切，均齒頭音，清母字。吹字，昌垂切；　唱字，尺亮切，均正齒音，穿母字，故沈存中以爲雙聲。村與吹，非脣音也，惟村與吹，係合口呼，草與昌，係開口呼。觀國每以合口呼字爲脣音，或其論音本與前人有異歟？今長沙呼齒音字，恒動其脣，作合口音，旁縣皆不爾。抑觀國但據其鄉音言之也。

侵字是脣音，簪字是齒音。　按侵字，清母，亦齒音，非脣音也。

諏

《周禮・哲簇氏》，以方書十有二月之號。　武英殿本、湖海樓本「月」作「辰」，誤，今正。

卷九

氾汜汎

函字、含字、范字，皆從马。　按「含」字從口，今聲，非從马。

始

陸德明《音義》，始作試音。　武英殿本、湖海樓本無「音」字，按於文義當有「音」字，今補。

贙

然則贙自是一獸，非虎也，亦无分别之義，　按《説文》贙下云：「分别也，从虤對爭貝，讀若迴。」是分別乃贙字本義，不得謂無分別之義。

褖緣綠

毛氏訓曰：「綠，當爲緣。」　按《綠衣》詩，毛如字讀，故《傳》云「綠間色，黄正色」，鄭《箋》乃讀綠爲褖。觀國葢誤以《序》義鄭氏注爲毛氏訓也。

𢹯

《廣韻》曰：「摴，丑居切，摴蒱也。」又姓，《史記》丞相摴里疾，樗亦丑居切，惡木也。武英殿本、湖海樓本「樗」作「摴」，誤。今據《廣韻》正。

能

耐爲司寇。　武英殿本、湖海樓本作「耐爲可魁冠」，誤。今依《史記集解》正。按《漢書·刑法志》云：「隸臣妾滿二歲爲司寇。」

刀

軍器引《纂文》曰。　武英殿本、湖海樓本，均作「引軍器《纂文》曰」。案《廣韻》，三蕭刀下云軍器，《纂文》曰「刀斗持時鈴也」，蓋釋爲軍器，復引何承天《纂文》之語，非別有「軍器纂文」之書也，今移「引」字於「軍器」之下。

齊大夫豎刀之後　武英殿本、湖海樓本「豎」誤「豊」，今據《廣韻》正。

《纂文》以爲鈴，非也　武英殿本、湖海樓本《纂文》上有「軍器」二字。　蓋觀國實誤讀《廣韻》，而以「軍器纂文」爲書名也，今删「軍器」二字。

朩巿

從水則爲沛，博蓋切，地名。　武英殿本、湖海樓本「博」作「溥」，誤，今據《廣韻》正。

從木則爲柹，芳吠切，斫木札也。　武英殿本、湖海樓本「芳吠」作「方味」，誤。「味」在未韻，「柹」字在廢韻，「方味」，當是「芳吠」二字之誤。《説文》：「柹，削木札樸也。」徐鉉本《唐韻》音芳吠切，是也。

卷十

守

潁川、潁考叔皆音永。　武英殿本、湖海樓本「叔」誤「甫」，今正。

景

曹丕《與鍾繇書》曰。　武英殿本、湖海樓本脱「書」字，今補。

繈疊

字爲俗書改其體者甚多，如顧之頋，遲之遟。　按遟爲遲字籀文，非俗書改其體也。又如宜、寘、富、寇皆從宀，而俗書爲　、冥、冨、冦。　按「冥」字從日、從六，冖聲，非從宀，而俗書爲冖也。

他音字

象胥尊周德，偏師偉漢功，作上聲用胥字也。　武英殿本、湖海樓本「上」作「去」，誤，今正。

封窆

《周禮》，與其植數。《易大傳》曰：「不封不植。」《檀弓》曰：「反壤植之哉！」《檀弓》曰：「垂棺而封。」《王制》曰：「庶人垂封。」　案此所引諸「植」字，在《周禮》、《易大傳》、《檀弓》本作「樹」。所引諸「垂」字，在《檀弓》、《王制》本作「縣」。又卷四仞字一則引《莊子》「縣水三十仞」，亦作「垂水三十仞」。方書一則引哲簇氏「縣其巢上」，亦作「垂其巢上」。宋朝諸諱無避樹與縣者，未審何以改「樹」爲「植」，改「縣」爲「垂」也。

《雜記》曰，既封而退。　湖海樓本此下有「相見」二字。案《雜記》云：「相問也，既封而退，相見也，反哭而退。」蓋誤截下文連引之耳，今删。

碧雞漫志

◉王灼撰
鄭明寶整理

點校説明

《碧雞漫志》，王灼撰。灼字晦叔，號頣堂，潼川府路遂寧府人（今屬四川）。生平不詳，大約生活在南宋初年，曾爲四川宣撫司總領錢糧官幕僚。本書評述曲調源流，敘古今歌曲之起源發展，以及唐宋以來一些詞曲的緣起和嬗變，使今人得以窺知詞曲與音樂聲歌的關係，是寶貴的音樂詞曲史資料。誠如四庫館臣所云：「其間正變之由，猶賴以畧得其梗概，亦考古者所必資也。」

據自序，此書初作於乙丑年冬寓居成都碧雞坊妙勝院時，後又加整理增廣，於己巳年成書，爲五卷。書中提到李易安晚年離異事，則成書當在南宋時。又提及曹勳以家集刻版，「近有旨下揚州毁其版云」，按曹勳卒於孝宗即位初，則此書當作於紹興年間，乙丑年即紹興十五年。又按《郡齋讀書志》云：灼「嘗佐總幕，故趙公爲之序《漫志》」。據《建炎以來繫年要録》卷一五四，紹興十五年十一月，趙不棄除四川宣撫司總領錢糧官，則是書即作於爲趙不棄幕賓時。

王灼《自序》云本書五卷。然《郡齋讀書志》著録爲一卷。明曹學佺撰《蜀中廣記·著作記》又云十卷。殆不可攷。今存有一卷本和五卷本兩種。一卷本當以元末陶九成所輯《説郛》（宛委山堂）本最早。此本卷首無序，正文多有删節，蓋陶氏在編輯時作了節略。其次有明代鍾人傑、張遂辰所輯《唐宋叢書》本，清乾隆時的文淵閣《四庫全書》本，道光年間曹溶輯、陶越增删的《學海類編》木活字本，清宣統至民國間上海國學扶輪社排印《古今説部叢書》本，近人王文濡輯、民國四年上海文明書局《説庫》石印本等，大抵皆屬《説郛》宛委山堂本系統。另外，明正德年間祝允明抄本分爲三卷，然内容與一卷本同，僅缺《霓裳羽衣曲》以前各篇。近人張宗祥據六種明抄本校理成書的《説郛》（涵芬樓一百卷本）題爲十卷，實際内容、次序全同於一卷本，僅少量字句和條目分合略有差異，然每條前有子目，爲各本所僅見。此二種仍可歸入一卷本。五卷本晚出。清初錢曾家藏一抄本，缺第二卷。康熙八年，借毛黼季汲古閣藏抄本校定補足。乾隆四十四年陸紹曾又據《唐宋叢書》本重校，校勘結果以小注夾於正文中。《知不足齋叢書》後將其刻入，成爲今時流傳之五卷本。與一卷本相比，五卷本内容多出近一倍，不僅篇目增加許多，原有各篇内容也大都更詳盡。後來的《增補曲苑》本、《詞話叢編》本、《叢書集成》本、《中國文學參考資料小叢書》本、《中國古典戲曲論著集成》本皆據之排印。

此次整理，以《知不足齋叢書》本爲底本，以《説郛》（宛委山堂）本、明正德祝允明抄本、文淵閣《四庫全書》本、《學海類編》本、《説郛》涵芬樓本等爲對校本，並參校了新舊《唐書》、《通典》、《廣博物志》、《明皇雜録》、《漁隱叢話》等等，今人整理之《中國古典戲曲論著集成》本亦資參考。

序

乙丑冬，予客寄成都之碧雞坊妙勝院，自夏涉秋，與王和先、張齊望所居甚近，皆有聲妓，日置酒相樂，予亦往來兩家不厭也。嘗作詩云：「王家二瓊芙蕖妖，張家阿倩海棠魄。露香亭前占秋光，紅雲島邊弄春色。滿城錢癡買娉婷，風捲畫樓絲竹聲。誰似兩家喜看客，新翻歌舞勸飛觥。君不見，東州鈍漢髮半縞，日日醉踏碧雞三井道。」予每飲歸，不敢徑臥，客舍無與語，因旁緣是日歌曲，出所聞見，仍考歷世習俗，追思平時論說，信筆以記，積百十紙，混羣書中，不自收拾。今秋開篋偶得之，殘脱逸散，僅存十七，因次比增廣，成五卷，目曰《碧雞漫志》。顧將老矣，方悔少年之非，游心淡泊，成此亦安用，但一時醉墨，未忍焚棄耳。己巳三月既望，覃思齋序。

卷一

或問歌曲所起。曰：天地始分，而人生焉，人莫不有心，此歌曲所以起也。《舜典》曰：「詩言志，歌永言，聲依永，律和聲。」《詩序》曰：「在心爲志，發言爲詩。情動於中而形於言。言之不足，故嗟歎之。嗟歎之不足，故永歌之。永歌之不足，不知手之舞之足之蹈之。」《樂記》曰：「詩言其志，歌詠其聲，舞動其容。三者本於心，然後樂器從之。」故有心則有詩，有詩則有歌，有歌則有聲律，有聲律則有樂。歌永言即詩也，非於詩外求歌也。今先定音節，乃製詞從之，倒置甚矣。而士大夫又分詩與樂府作兩科。古詩或名曰樂府，謂詩之可歌也，故樂府中有歌有謠，有吟有引，有行有曲。今人於古樂府特指爲詩之流，而以詞就音，始名樂府，非古也。舜命夔教胄子詩歌聲律，率有次第。又語禹曰：「予欲聞六律、五聲、八音，在治忽，以出納五言。」其君臣賡歌，九功、南風、卿雲之歌，必聲律隨具。古者采詩，命太師爲樂章，祭祀、宴射、鄉飲皆用之。故曰正得失、動天地、感鬼神，莫近於詩。先王以是經夫婦，成孝敬，厚人倫，美教化，移風俗。詩至於動天地，感鬼神，移風俗，何也？正謂播諸樂歌，有此效耳。然中世亦有因筦弦金石造歌以被之。若漢文帝使慎夫人鼓瑟，自倚瑟而歌；漢魏作三調歌辭。終非古法。

古人初不定聲律，因所感發爲歌，而聲律從之。唐虞禪代以來是也，餘波至西漢末始絶。西漢時，今之所謂古樂府者漸興，晉魏爲盛。隋氏取漢以來樂器歌章古調，併入清樂，餘波至李唐始絶。唐中葉雖有古樂府，而播在聲律則尠矣，士大夫作者不過以詩一體自名耳。蓋隋以來，今之所謂曲子者漸興，至唐稍盛。今則繁聲淫奏，殆不可數。古歌變爲古樂府，古樂府變爲今曲子，其本一也。後世風俗，益不及古，故相懸耳。而世之士大夫亦多不知歌詞之變。

子語魯太師樂，知樂深矣，魯太師者亦可語此耶！古者歌工、樂工，皆非庸人，故摯適齊，干適楚，繚適蔡，缺適秦，方叔入河，武入漢，陽、襄入海，孔子録之。八人中其一又見於《家語》，孔子學琴於師襄子，襄子曰「吾雖以擊磬爲官，然能於琴。今子於琴已習」是也。子貢問師乙：「賜宜何歌？」答曰：「慈愛者宜歌商，温良而能斷者宜歌齊，寬而靜、柔而正者宜歌頌，廣大而靜、疏達而信者宜歌大雅，恭儉而好禮者宜歌小雅，正直而靜、廉而謙者宜歌風。」師乙，賤工也，學識乃至此。又曰：「歌者上如抗，下如墜，曲如折，止如槁木，倨中矩，勾中鉤，纍纍乎端如貫珠。」歌之妙不越此矣。今有過鈞容班教坊者，問曰：「某宜何歌？」必曰：「汝宜唱田中行、曹元寵小令。」

劉、項皆善作歌。西漢諸帝如武、宣，類能之。趙王幽死，諸王負罪死，臨絶之音，曲折深迫。廣川王通經好文辭，爲諸姬作歌尤奇古。而高祖之戚夫人、燕王旦之容華夫人，兩歌又不在諸王下。「兩」一作「所」。蓋漢初古俗猶在也。東京以來，非無作者，大槩文采有餘，性情不足。高歡玉壁之役，士卒死者七萬人，慚憤發疾，歸使斛律金作《勅勒歌》，其辭略曰：「山蒼蒼，天茫茫，風吹草低見牛羊。」歡自和之，哀感流涕。金不知書，能發揮自然之妙如此，當時徐、庾輩不能也。吾謂西漢後，獨《勅勒歌》暨韓退之《十琴操》近古。

荆軻入秦，燕太子丹及賓客送至易水之上，高漸離擊筑，軻和而歌，爲變徵之聲，士皆涕淚。又前爲歌曰：「風蕭蕭兮易水寒，壯士一去兮不復還。」復爲羽聲慷慨，士皆瞋目，髮上指冠。軻本非聲律得名，乃能變徵换羽於立談閒，而當時左右聽者亦不憒憒也。今人苦心造成一新聲，便作幾許大知音矣。

或問：元次山補伏羲至商十代樂歌，皮襲美補九夏歌，是否？曰：名與義存，二子補之無害。或有其名而無其義，有其義而名不可强訓，吾未保二子之全得也。次山曰：「嗚呼！樂聲自太古始，百世之後，盡亡古音；樂歌自太古始，百世之後，遂亡古辭。」次山知之晚也。孔子之時，三皇五帝樂歌已不及見。在齊聞韶，至三月不知肉味。戰國秦火，古器與音辭亡缺無遺。

漢時，雅、鄭參用，而鄭爲多。魏平荆州，獲漢雅樂，古曲音辭存者四，曰《鹿鳴》、《騶虞》、《伐檀》、《文王》。而李延年之徒以新聲被寵，復改易音辭，止存《鹿鳴》一曲，晉初亦除之。又漢代短簫鐃歌樂曲，三國時存者有《朱鷺》、《艾如張》、《上之回》、《戰城南》、

《巫山高》、《將進酒》之類，凡二十二曲。魏、吴稱號，始各改其十二曲。晉興，又盡改之，獨《玄雲》【一】、《釣竿》二曲，名存而已。漢代鞞舞，三國時存者有《殿前生桂樹》等五曲，其辭則亡。漢代胡角《摩訶兜勒》一曲，張騫得自西域。李延年因之更造新聲二十八解，魏、晉時亦亡。晉以來新曲頗衆，隋初盡歸清樂。至唐武后時，舊曲存者，如《白雪》、《公莫舞》、《巴渝》、《白紵》、《子夜》、《團扇》、《懊儂》、《石城》、《莫愁》、《楊叛兒》、《烏夜啼》、《玉樹後庭花》等，止六十三曲。唐中葉，聲辭存者又止三十七，有聲無辭者七，今不復見。唐歌曲比前世益多，聲行於今、辭見於今者，皆十之三四。世代差近爾。大抵先世樂府有其名者尚多，其義存者十之三，其始辭存者十不得一，若其音則無傳，勢使然也。

石崇以《明君曲》教其妾緑珠，曰：「我本漢家子，將適單于庭。昔爲匣中玉，今爲糞上英。」緑珠亦自作《懊儂歌》曰：「絲布澀難縫。」「澀」一作「澀」。桓伊侍孝武飲讌【二】，撫弦而歌怨詩，曰：「爲君既不易，爲臣良獨難。忠信事不顯，乃有見疑患。周旦佐文武，金縢功不刊。推心輔王政，二叔反流言。」熊甫見王敦委任錢鳳，將有異圖，進説不納，因告歸。臨與敦别，歌曰：「徂風飈起蓋山陵，氛霧蔽日玉石焚。往事既去可長歎，可一作有。念别惆悵會復難。」陳安死隴上，歌之曰：「隴上壯士有陳安，軀幹雖小腹中寬。愛養將士同心肝，驌驄文馬鐵鍛鞍。「文」一作「駿」。七尺大刀奮如湍，一云「匕及大刀奮無端」。丈八蛇矛左右盤，十盪十決無當前。戰始三交失蛇矛，棄我驌驄竄巖幽，爲我外援而懸頭。西流

【一】玄雲　「玄」原作「元」，避諱改，據《説郛》宛委山堂本、《説郛》涵芬樓本回改。下同。

【二】桓伊　「桓」原作「元」，據《晉書》本傳改。

之水東流河，一去不還柰子何！」「柰子何」一作「復柰何」。劉曜聞而悲傷，命樂府歌之。晉以來歌曲見於史者蓋如是耳。

唐時，古意亦未全喪，《竹枝》、《浪淘沙》、《抛毬樂》、《楊柳枝》，乃詩中絶句，而定爲歌曲。故李太白《清平調》詞三章，皆絶句。元、白諸詩，亦爲知音者協律作歌。白樂天守杭，元微之贈云：「休遣玲瓏唱我詩，我詩多是别君辭。」自注云：「樂人高玲瓏能歌，歌予數十詩。」樂天亦醉戲諸妓云：「席上爭飛使君酒，歌中多唱舍人詩。」又《聞歌妓唱前郡守嚴郎中詩》云：「已留舊政布中和，又付新詩與豔歌。」元微之《見人詠韓舍人新律詩戲贈》云：「輕新便妓唱，凝妙入僧禪。」沈亞之送人序云：「故友李賀，善撰南北朝樂府古詞，其所賦尤多怨鬱悽豔之句，誠以蓋古排今，使爲詞者莫得偶矣。「得」一作「能」。惜乎其中亦不備聲歌弦唱。」然唐史稱：李賀樂府數十篇，雲韶諸工皆合之弦筦。又稱：李益詩名與賀相埒，每一篇成，樂工爭以賂求取之，被聲歌，供奉天子。又稱：元微之詩往往播樂府。舊史亦稱：武元衡工五言詩，好事者傳之，往往被於筦弦。又舊説開元中詩人王昌齡、高適、王涣之【三】詣旗亭飲，梨園伶官亦招妓聚燕。三人私約曰：「我輩擅詩名，未定甲乙。「定」一作「第」。試觀諸伶謳詩，分優劣。」一伶唱昌齡二絶句云：「寒雨連江夜入吴，平明送客楚帆孤。洛陽親友如相問，一片冰心在玉壺。」「奉帚平明金殿開，强將團扇共徘徊。玉顔不及寒鴉色，猶帶昭陽日影來。」一伶唱適絶句云：「開篋淚沾臆，

【三】王涣之　應作「王之涣」，下同。

見君前日書。夜臺何寂寞，猶是子雲居。」渙之曰：「佳妓所唱，如非我詩，終身不敢與子爭衡。不然，子等列拜牀下。」須臾，妓唱：「黄河遠上白雲間，一片孤城萬仞山。羌笛何須怨楊柳，春風不度玉門關。」渙之揶揄二子曰：「田舍奴，我豈妄哉！」以此知李唐伶伎取當時名士詩句入歌曲蓋常俗也。「俗」一作「事」。蜀王衍召嘉王宗壽飲宣華苑，命宫人李玉簫歌衍所撰宫詞云：「輝輝赫赫浮五雲，宣華池上月華春。月華如水映宫殿，有酒不醉真癡人。」五代猶有此風，今亡矣。近世有取陶淵明《歸去來》、李太白《把酒問明月》、李長吉《將進酒》、大蘇公《赤壁前、後賦》協入聲律，此暗合其美耳。一云「此暗合孫吴耳」。

元微之序《樂府古題》云：「操、引、謡、謳、歌、曲、詞、調八名，起於郊祭、軍賓、吉凶、苦樂之際，在音聲者因聲以度詞，審調以節唱，句度長短之數，聲韻平上之差，莫不由之準度，而又別其在琴瑟者爲操引，採民甿者爲謳謡，備曲度者，總謂之歌曲詞調。斯皆由樂以定詞，非選詞以配樂也。詩、行、詠、吟、題、怨、歎、章、篇九名，皆屬事而作，雖題號不同，而悉謂之爲詩可也。後之審樂者往往取其詞，度爲歌曲。蓋選詞以配樂，非由樂以定詞也。」微之分詩與樂府作兩科，固不知事始，又不知後世俗變，凡十七名，皆詩也，詩即可歌可被之筦弦也。元以八名者近樂府，故謂由樂以定詞；九名者本諸詩，故謂選詞以配樂。今《樂府古題》具在，當時或由樂定詞，或選詞配樂，初無常法。習俗之變，安能齊一。

古人善歌得名，不擇男女。戰國時，男有秦青、薛談、王豹、綿駒、瓠梁，女有韓娥。漢高祖《大風歌》，教沛中兒歌之。武帝用事甘泉、圜丘，使童男女七十人歌。漢以來，男有虞公發、李延年、朱顧仙、朱子尚【四】、吴安泰、韓發秀，女有麗娟、莫愁、孫瑣、陳左、宋容華、王金珠。唐時男有陳不謙、謙子意奴、高玲瓏、長孫元忠、侯貴昌、韋青、李龜年、米嘉榮、李衮、何戡、田順郎、何滿、郝三寶、黎可及、柳恭，女有穆氏、方等、念奴、張紅紅、張好好、金谷里葉、永新娘、御史娘、柳青娘、謝阿蠻、胡二姉、寵姐、盛小叢、樊素、唐有態、李山奴、任智方四女、洞雲。今人獨重女音，不復問能否，而士大夫所作歌詞，亦尚婉媚，古意盡矣。政和間，李方叔在陽翟，有攜善謳老翁過之者。方叔戲作《品令》云：「唱歌須是玉人，檀口皓齒冰膚，意傳心事，語嬌聲顫，字如貫珠。老翁雖是解歌，無柰雪鬢霜鬚，大家且道：是伊模樣，怎如念奴。」方叔固是沈於習俗，而語嬌聲顫，那得字如貫珠。不思甚矣。

或問雅、鄭所分。曰：中正則雅，多哇則鄭，至論也。何謂中正？凡陰陽之氣，有中有正，故音樂有正聲，有中聲。二十四氣，歲一周天，而統以十二律。中正之聲，正聲得正氣，中聲得中氣，則可用。中正用則平氣應，故曰：中正以平之。若乃得正氣而用中律，得中氣而用正律，律有短長，氣有盛衰，太過不及之弊起矣。自揚子雲之後，惟魏漢津曉此。東坡曰：「樂之所以不能致氣召和如古者，不得中聲故也。樂不得中聲者，氣不

【四】朱子尚　「朱」原作「未」，據《通典》、《廣博物志》改。

當律也。」東坡知有中聲，蓋見孔子及伶州鳩之言，恨未知正聲耳。近梓潼雍嗣侯者，作《正笙訣》、《琴數還相爲宮解》、《律呂逆順相生圖》，大槩謂：知音在識律，審律在習數。故師曠之聰，不以六律，不能正五音。諸譜以律通不過者，率皆淫哇之聲。嗣侯自言得律呂真數，著說甚詳，而不及中正。

或曰：「古人因事作歌，輸寫一時之意，意盡則止，故歌無定句。因其喜怒哀樂，聲則不同，故句無定聲。今音節皆有轄束，而一字一拍，不敢輒增損，何與古相戾歟？」予曰：皆是也。今人固不及古，而本之性情，稽之度數，古今所尚，各因其所重。昔堯民亦擊壤歌，先儒爲搏拊之說，亦曰所以節樂。樂之有拍，非唐、虞創始，實自然之度數也。故明皇使黃幡綽寫拍板譜，幡綽畫一耳於紙以進曰：「拍從耳出。」牛僧孺亦謂拍爲樂句。嘉祐間，汴都三歲小兒在母懷飲乳，聞曲，皆撚手指作拍，應之不差。雖然，古今所尚、治體風俗，各因其所重，不獨歌樂也。古人豈無度數！今人豈無性情！用之各有輕重，但今不及古耳。今所行曲拍，使古人復生，恐未能易。

卷二

唐末五代，文章之陋極矣，獨樂章可喜，雖乏高韻，而一種奇巧，各自立格，不相沿襲。在士大夫猶有可言，若昭宗「野煙生碧樹，陌上行人去」，豈非作者。諸國僭主中李重光、王衍、孟昶、霸主錢俶，習於富貴，以歌酒自娱，而莊宗同父興代北，生長戎馬閒，百戰之餘，亦造語有思致。國初平一宇内，法度禮樂，寖復全盛，而士大夫樂章頓衰於前日，此尤可怪。

唐昭宗以李茂貞之故【一】，欲幸太原，至渭北，韓建迎奉歸華州。上鬱鬱不樂，時登城西齊雲樓眺望，製《菩薩蠻》曲，曰：「登樓遥望秦宫殿，茫茫只見雙飛燕。渭水一條流，千山與萬丘。野煙生碧樹，陌上行人去。安得有英雄，迎歸大内中。」又曰：「飄飖且在三峯下，秋風往往堪沾灑。腸斷憶仙宫，朦朧煙霧中。思夢時時睡，不語長如醉。早晚是歸期，穹蒼知不知。」

王荆公長短句不多，合繩墨處自雍容奇特。晏元獻公、歐陽文忠公，風流緼藉，一時莫及，而温潤秀潔，亦無其比。東坡先生以文章餘事作詩，溢而作詞曲，高處出神入天，平處尚臨鏡笑春，不顧儕輩。或曰：「長短句中詩也。」爲此論者，乃是遭柳永野狐涎之毒。

校勘記

【一】李茂貞　「貞」原作「正」，避諱改，今據《舊唐書》卷二〇上回改。下同。

【二】正自不分異耳　「不」字疑衍。

詩與樂府同出，豈當分異。若從柳氏家法，正自不分異耳【二】。晁無咎、黃魯直皆學東坡韻製，得七八。黃晚年閒放於狹邪，故有少疎蕩處。後來學東坡者葉少藴、蒲大受，亦得六七，其才力比晁、黃差劣。蘇在庭、石耆翁入東坡之門矣，短氣跼步，不能進也。趙德麟、李方叔皆東坡客，其氣味殊不近，趙婉而李俊，各有所長。晚年皆荒醉汝潁京洛間，時時出滑稽語。賀方回、周美成、晏叔原、僧仲殊，各盡其才力，自成一家。賀、周語意精新，用心甚苦。毛澤民、黃載萬次之。叔原如金陵王、謝子弟，秀氣勝韻得之天然，將不可學。仲殊次之。殊之贍，晏反不逮也。張子野、秦少游，俊逸精妙。少游屢困京洛，故疎蕩之風不除。陳無己所作數十首，號曰語業，妙處如其詩，但用意太深，有時僻澀。陳去非、徐師川、蘇養直、呂居仁、韓子蒼、朱希真、陳子高、洪覺範，佳處亦各如其詩。王輔道、履道善作一種俊語，其失在輕浮。輔道誇捷敏，故或有不縝密。李漢老富麗而韻平平。舒信道、李元膺思致妍密，要是波瀾小。謝無逸字字求工，不敢輒下一語。如刻削通草人，都無筋骨，要是力不足。然則獨無逸乎？曰：類多有之，此最著者爾。宗室中明發、伯山，久從汝洛名士游，下筆有逸韻，雖未能一一盡奇，比國賢、聖褒則過之。王逐客才豪，其新麗處與輕狂處皆足驚人。沈公述、李景元、孔方平、處度叔姪、晁次膺、万俟雅言，皆有佳句，就中雅言又絶出。然六人者源流從柳氏來，病於無韻。雅言初自集，分兩體，曰雅詞，曰側豔，目之曰「勝萱麗藻」。從召試入官，以側豔體無賴太甚，削去之，再編成集，分五體：曰應制，曰風月脂粉，曰雪月風花，曰脂粉才情，曰雜類。周美成目之曰「大聲」。次膺亦閒作側豔。田不伐才思與雅言抗行，不聞有側豔。田中行極能寫人意中事，雜以鄙俚，曲盡要妙，當在万俟雅言之右，然莊語輒不佳。嘗執一扇，書句其上云：「玉蝴蝶戀花心動。」語人曰：「此聯三曲名也。有能對者，吾下拜。」北里狹邪閒横行者也，宗室温之次之。長短句中作滑稽無賴語，起於至和、嘉祐之前，猶未盛也。熙、豐、元祐閒，兖州張山人以詼諧獨步京師，時出一兩解。澤州孔三傳者，首創諸宮調古傳，士大夫皆能誦之。元祐閒王齊叟彦齡，政和閒曹組元寵，皆能文，每出長短句，膾炙人口。彦齡以滑稽語譟河朔。組潦倒無成，作《紅窗迥》及雜曲數百解，聞者絶倒，滑稽無賴之魁也，寅緣遭遇，官至防禦使。同時有張衮臣者，組之流，亦供奉禁中，號曲子張觀察。其後祖述者益衆，嫚戲汙賤，古所未有。組之子知閤門事勳，字公顯，亦能文。嘗以家集刻板，欲蓋父之惡，近有旨下揚州毁其板云。

柳耆卿《樂章集》，世多愛賞該洽，序事閒暇，有首有尾，亦閒出佳語，又能擇聲律諧美者用之。惟是淺近卑俗，自成一體，不知書者尤好之。予嘗以比都下富兒，雖脱村野，而聲態可憎。前輩云：「《離騷》寂寞千年後，《戚氏》淒涼一曲終。」《戚氏》，柳所作也。柳何敢知世閒有《離騷》，惟賀方回、周美成時時得之。賀《六州歌頭》、《望湘人》、《吴音子》諸曲，周《大酺》、《蘭陵王》諸曲最奇崛。或謂深勁乏韻，此遭柳氏野狐涎吐不出者也。歌曲自唐、虞三代以前，秦、漢以後皆有，造語險易，則無定法。今必以「斜陽芳草」、「淡煙細雨」繩墨後來作者，愚甚矣。故曰：不知書者尤好耆卿。

長短句雖至本朝盛，而前人自立，與真情衰矣。東坡先生非心醉於音律者，偶爾作歌，指出向上一路，新天下耳目，弄筆者始知自振。今少年妄謂東坡移詩律作長短句，十有八九不學柳耆卿，則學曹元寵。雖可笑，亦毋用笑也。

歐陽永叔所集歌詞，自作者三之一耳。其閒他人數章，羣小因指爲永叔，起曖昧之謗。

晏叔原歌詞，初號《樂府補亡》，自序曰：「往與二三忘名之士，浮沈酒中，病世之歌詞不足以析醒解愠，試續南部諸賢，作五七字語，期以自娱，不皆敘所懷，亦兼寫一時杯酒閒聞見及同游者意中事。嘗思感物之情，古今不異。竊謂篇中之意，昔人定已不遺，第今無傳耳。故今所製，通以『補亡』名之。始時，沈十二廉叔、陳十君龍，家有蓮鴻、蘋雲，工以清謳娱客，每得一解，即以草授諸兒。吾三人聽之，爲一笑樂。」其大指如此。叔原於悲歡合離，寫衆作之所不能，而嫌於夸。故云：「昔人定已不遺，第今無傳。」蓮鴻、蘋雲，皆篇中數見，而世多不知爲兩家歌兒也。其後目爲《小山集》，黄魯直序之云：「嬉弄於樂府之餘，寓以詩人句法，清壯頓挫，能動摇人心。」又云：「狹邪之大雅，豪士之鼓吹，其合者《高唐》、《洛神》之流，其下者不減《桃葉》、《團扇》。」「若乃妙年美士，近知酒色之娱；苦節臞儒，晚悟裙裾之樂，鼓之舞之，使宴安酖毒而不悔，則叔原之罪也哉！」叔原年未至乞身，退居京城賜第，不踐諸貴之門。蔡京重九、冬至日，遣客求長短句，欣然兩爲作《鷓鴣天》：「九日悲秋不到心，鳳城歌管有新音。風彫碧柳愁眉淡，露染黄花笑靨深。初過雁，已聞砧，綺羅叢裡勝登臨。須教月户纖纖玉，細捧霞觴灩灩金。」「曉日迎長歲歲同，太平簫鼓閒歌鐘。雲高未有前村雪，梅小初開昨夜風。羅幕翠，錦筵紅，釵頭羅勝寫宜冬。從今屈指春期近，莫使金鐏對月空。」竟無一語及蔡者。案《小山詞》元序，「南部諸賢」下有「緒餘」二字。

江南某氏者，解音律，時時度曲。周美成與有瓜葛，每得一解，即爲製詞，故周集中多新聲。賀方回初在錢塘，作《青玉案》，魯直喜之，賦絶句云：「解道江南斷腸句，只今惟有賀方回。」賀集中如《青玉案》者甚衆。大抵二公卓然自立，不肯浪下筆，予故謂語意精新，用心甚苦。

吾友黄載萬歌詞，號《樂府廣變風》，學富才贍，意深思遠，直與唐名輩相角逐，又輔以高明之韻，未易求也。吾每對之歎息，誦東坡先生語曰：「彼嘗從事於此，然後知其難，不知者以爲苟然而已。」夏幾道序之曰：「惜乎語妙而多傷，思窮而氣不舒。賦才如此，反嗇其壽，無乃情文之兆歟！」載萬所居齋前梅花一株甚盛，因録唐以來詞人才士之作凡數百首，爲齋居之玩，命曰「梅苑」，其序引云：「呈妍月夕，奪霜雪之鮮；吐臭風晨，聚椒蘭之酷。情涯殆絶，鑒賞斯在。莫不抽毫襞彩，比聲裁句。召楚雲使興歌，命燕玉以按節。粧臺之篇，賓筵之章，可得而述焉。」《樂府廣變風》有賦梅花數曲，亦自奇特。

案《梅苑序》云：「莫不抽毫遣滯，劈彩舒衷。」

《蘭畹曲會》，孔寧極先生之子方平所集，序引稱「無爲」、「莫知非」，其自作者稱「魯逸仲」，皆方平隱名，如「子虛」、「烏有」、「亡是」之類。孔平日自號「滍臯漁父」，與姪處度齊名，李方叔詩酒侶也。

崇寧間建大晟樂府，周美成作提舉官，而製撰官又有七。万俟詠雅言，元祐詩賦科老手也，三舍法行，不復進取，放意歌酒，自稱「大梁詞隱」，每出一章，信宿喧傳都下。政和初召試補官，寘大晟樂府製撰之職。新廣八十四調，患譜弗傳，雅言請以盛德大業及祥瑞事迹制詞實譜。有旨：「依月用律，月進一曲。」自此新譜稍傳。時田爲不伐亦供職大樂，衆謂樂府得人云。

易安居士，京東路提刑李格非文叔之女，建康守趙明誠德甫之妻。自少年便有詩名，才力華贍，逼近前輩，在士大夫中已不多得，若本朝婦人，當推詞采第一。趙死，再嫁某氏，訟而離之，晚節流蕩無歸。作長短句，能曲折盡人意，輕巧尖新，姿態百出，閭巷荒淫之語肆意落筆，自古搢紳之家能文婦女未見如此無顧籍也。陳後主游宴，使女學士、狎客賦詩相贈答，采其尤豔麗者，被以新聲，不過「璧月夜夜滿，瓊樹朝朝新」等語。李戡嘗痛元、白詩纖豔不逞，非莊士雅人，多爲其破壞，流於民閒，子父女母，交口教授，淫言媟語，冬寒夏熱，入人肌骨，不可除去。二公集尚存，可考也。元與白書，自謂「近世婦人，暈淡眉目，綰約頭鬢，衣服脩廣之度、匹配色澤【三】，尤劇怪豔，因爲豔詩百餘首。」今集中不載。元《會真》詩、白《夢游春》詩，所謂「纖豔不逞」、「淫言媟語」，止此耳。温飛卿號多作側辭豔曲，其甚者「合歡桃葉終堪恨，裡許元來別有人」、「玲瓏骰子安紅豆，入骨相思知不知」，亦止此耳。今之士大夫學曹組諸人鄙穢歌詞，則爲豔麗如陳之女學士、狎客，爲纖豔不逞、淫言媟語如元、白，爲側詞豔曲如温飛卿，皆不敢也。其風至閨房婦女，夸張筆墨，無所羞畏，殆不可使李戡見也。

向伯恭用《滿庭芳》曲賦木犀，約陳去非、朱希真、蘇養直同賦，「月窟蟠根、雲巖分種」者是也。然三人皆用《清平樂》和之。去非云：「黄衫相倚，翠葆層層底。八月江南風日美，弄影山腰水尾。楚人未識孤妍，《離騷》遺恨千年。無住菴中新事，一枝唤起幽禪。」希真云：「人閒花少，菊小芙蓉老。冷淡仙人偏得道，買定西風一笑。前身元是江梅，黄姑點破冰肌。只有暗香猶在，飽參清似南枝。」養直云：「斷崖流水，香度青林底。元配騷人蘭與芷，不數春風桃李。淮南叢桂小山，詩翁合得躋攀。身到十洲三島，心游萬壑千巖。」後伯恭再賦木犀，亦寄《清平樂》贈韓璜叔夏，云：「吴頭楚尾，踏破芒鞋底。萬壑千巖秋色裡，不柰惱人風味。如今老我薌林，世閒百不關心。獨喜愛香韓壽，能來同醉

【三】匹配色澤　「匹」字原爲一空格，據《元氏長慶集》卷三〇補。

花陰。」韓和云：「秋光如水，釀作鵝黄蟻。散入千巖佳樹裡，惟許脩門人醉。輕鈿重上風鬟，不禁月冷霜寒。步障深沈歸去，依然愁滿江山。」初，劉原父亦於《清平樂》賦木犀云：「小山叢桂，最有人留意。拂葉攀花無限思，雨溼濃香滿袂。别來過了秋光，翠簾昨夜新霜。多少月宫閒地，姮娥借與微芳。」同一花一曲，賦者六人，必有第其高下者。正宫《白苧曲》賦雪者，世傳紫姑神作。寫至「追昔燕然畫角，寶鑰珊瑚，是時丞相，虚作銀城换得」，或問出處，答云：「天上文字，汝那得知？」末後句「又恐東君，暗遣花神，先到南國。昨夜江梅，漏泄春消息」，殊可喜也。予舊同僚郝宗文嘗春初請紫姑神，既降，自稱「蓬萊仙人玉英」，書《浪淘沙》曲云：「塞上早春時，暖律猶微。柳舒金線拂回堤，料得江鄉應更好，開盡梅溪。畫漏漸遲遲，愁損仙機。幾回無語斂雙眉，凭徧欄干十二曲，日下樓西。」「正宫」下别是一條。

沈公述爲韓魏公之客。魏公在中山，門人多有賜環之望。沈秋日作《霜葉飛》詞云：「謾贏得，相思甚了，東君早作歸來計。便莫惜，丹青手，重與芳菲，萬紅千翠。」爲魏公發也。

賀方回《石州慢》，予舊見其藁。「風色收寒，雲影弄晴」，改作「薄雨收寒，斜照弄晴」。又「冰垂玉筯，向午滴瀝簷楹，泥融消盡牆陰雪」，改作「煙横水際，映帶幾點歸鴻，東風消盡龍沙雪」。

宇文叔通久留金國不得歸，立春日作《迎春樂》曲，云：「寶幡綵勝堆金縷，雙燕釵頭舞。人間要識春來處，天際雁，江邊樹。故國鶯花又誰主？念憔悴，幾年羈旅。把酒祝東風，吹取人歸去。」

周美成初在姑蘇，與營妓岳七楚雲者游甚久。後歸自京師，首訪之，則已從人矣。明日飲於太守蔡巒子高，坐中見其妹，作《點絳脣》曲寄之，云：「遼鶴西歸，故鄉多少傷心事。短書不寄，魚浪空千里。憑仗桃根，説與相思意。愁何際？舊時衣袂，猶有東風淚。」

何文縝在館閣時，飲一貴人家，侍兒惠柔者解帕子爲贈，約牡丹開再集。何甚屬意，歸作《虞美人》曲，曲中隱其名，云：「分香帕子揉藍膩，欲去殷勤惠。重來直待牡丹時，只恐花知，知後故開遲。案《詞綜》云：「重來約在牡丹時，只恐花枝，相妒故開遲。」別來看盡閒桃李，日日欄干倚。催花無計問東風，夢作一雙蝴蝶遶芳叢。」何書此曲與趙詠道，自言其張本云。

王齊叟彥齡，元祐副樞巖叟之弟，任俊得聲。初官太原，作《望江南》數十曲，嘲府縣同僚，遂併及帥。帥怒甚，因衆入謁，面責彥齡：「何敢爾？豈恃兄貴，謂吾不能劾治耶！」彥齡執手板頓首帥前，曰：「居下位，只恐被人讒。昨日只吟《青玉案》，幾時曾做《望江南》。試問馬都監。」帥不覺失笑，衆亦匿笑去。今《別素質》曲「此事憑誰知證？

有樓前明月，窗外花影」者，彥齡作也。娶舒氏，亦有詞翰。婦翁武選，彥齡事之素不謹，因醉酒嫚罵。翁不能堪，取女歸，竟至離絶。舒在父家，一日行池上，懷其夫，作《點絳脣》曲，云：「獨自臨流，興來時把欄干凭。舊愁新恨，耗卻來時興。鷺散魚潛，煙斂風初定。波心靜，照人如鏡，少个年時影。」

《水調歌頭》：「瑶草一何碧，春入武陵溪。溪上桃花無數，花上有黄鸝。」世傳爲魯直【四】。于建炎初見石耆翁，言：「此莫少虛作也。」莫此詞本始，耆翁能道其詳。予嘗見莫《浣溪沙》曲：「寶釧緗裙上玉梯，雲重應恨翠樓低，愁同芳草兩萋萋。」又云：「歸夢悠颺見未真，繡衾恰有暗香薰，五更分得楚臺春。」造語頗工。晚年心醉富貴，不復事文筆。

古書亡逸固多，存於世者亦恨不盡見。李義山絶句云：「本來銀漢是紅牆，隔得盧家白玉堂。誰與王昌報消息，盡知三十六鴛鴦。」而唐人使王昌事尤數，世多不曉，古樂府中可互見，然亦不詳也。一曰：「相逢狹路間，道隘不容車。如何兩少年，挾轂問君家。君家誠易知，易知復難忘。黄金爲君門，白玉爲君堂。堂上置樽酒，使作邯鄲倡。中庭生桂樹，華燈何煌煌。兄弟兩三人，中子爲侍郎。五日一來歸，道上自生光。黄金絡馬頭，觀者滿路傍。入門時左顧，但見雙鴛鴦。鴛鴦七十二，羅列自成行。」一曰：「河中之水向東流，洛陽女兒名莫愁。莫愁十三能織綺，十四採桑南陌頭。十五嫁爲盧家婦，十六生兒字阿侯。盧家蘭室桂爲梁，中有鬱金蘇合香。頭上金釵十二行，足下絲履五文章。

【四】世傳爲魯直　據《詞苑叢談》卷一〇，「魯直」下恐脱「所作」二字。

珊瑚桂鏡爛生光，平頭奴子提履箱。人生富貴何所望，恨不嫁與東家王。」以三章互考之，即知樂府前篇所謂「白玉堂」與「鴛鴦七十二」乃盧家。然義山稱三十六者三十六雙，即七十二也，又知樂府後篇所謂「東家王」即王昌也。余少年時戲作《清平樂》曲贈妓盧姓者云：「盧家白玉爲堂，于飛多少鴛鴦。縱使東牆隔斷，莫愁應念王昌。」黄載萬亦有《更漏子》曲云：「憐宋玉，許王昌，東西鄰短牆。」予每戲謂人曰：「載萬似曾經界兩家來。」蓋宋玉《好色賦》稱東鄰之子，即宋玉爲西鄰也，東家王即東鄰也。載萬用事如此之工。世徒知石城有莫愁，不知洛陽亦有之。前輩言「樂府兩莫愁」，正謂此也。又韓致光詩：「何必苦勞魂與夢，王昌祗在此牆東。」業唱歌者，沈亞之目爲「聲家」，又曰「聲黨」，又曰「貢聲中禁」。案「業唱歌者」至此二十一字，與上下文無涉，似當析出別爲一條。李義山云：「王昌且在牆東住，未必金堂得免嫌。」又云：「欲入盧家白玉堂，新春催破舞衣裳。」《對雪》云：「又入盧家妒玉堂。」

陳無己作《浣溪沙》曲云：「暮葉朝花種種陳，三秋作意問詩人，安排雲雨要新清。隨意且須追去馬，輕衫從使著行塵，晚窗誰念一愁新。」本是「安排雲雨要清新」，以末後句新字韻，遂倒作「新清」。世言無己喜作莊語，其弊生硬是也。詞中暗帶「陳三」、「念一」兩名，亦有時不莊語乎。

校勘記

【一】李肱　「肱」原作「祐」，據《説郛》宛委山堂本、明抄本、《四庫全書》本、胡仔《漁隱叢話》等改。

卷三

《霓裳羽衣曲》，説者多異，予斷之曰：西涼創作，明皇潤色，又爲易美名，其他飾以神怪者皆不足信也。《唐史》云：「河西節度使楊敬述獻，凡十二遍。」白樂天和元微之《霓裳羽衣曲歌》云：「由來能事各有主，楊氏創聲君造譜。」自注云：「開元中西涼節度使楊敬述造。」鄭愚案：「鄭愚」當作「鄭嵎」，下同。《津陽門詩》注亦稱：「西涼府都督楊敬述進。」予又攷《唐史·突厥傳》開元閒涼州都督楊敬述爲暾煌谷所敗、白衣檢校涼州事，樂天、鄭愚之説是也。劉夢得詩云：「開元天子萬事足，惟惜當年光景促。三鄉陌上望仙山，歸作《霓裳羽衣曲》。仙心從此在瑶池，三清八景相追隨。天上忽乘白雲去，世閒空有秋風詞。」李肱《霓裳羽衣曲詩》云【一】：「開元太平時，萬國賀豐歲。梨園進舊曲，玉座流新製。鳳管迭參差，霞裳競摇曳。」元微之《法曲》詩云：「明皇度曲多新態，宛轉浸淫易沈著。赤白桃李取花名，霓裳羽衣號天樂。」劉詩謂明皇望女几山，持志求仙，故退作此曲。當時詩今無傳，疑是西涼獻曲之後，明皇三鄉眺望，發興求仙，因以名曲。「忽乘白雲去，空有秋風詞」，譏其無成也。李詩謂明皇厭梨園舊曲，故有此新製。元詩謂明皇作此曲，多新態，霓裳羽衣非人閒服，故號天樂。然元指爲法曲，而樂天亦云：「法曲法曲歌《霓裳》，政和世理音洋洋，開元之人樂且康。」又知其爲法曲一類也。夫西涼既獻此曲，而三人者又謂明皇製作，予以是知爲西涼創作，明皇潤色者也。杜佑《理道要訣》云：「天寶十三載七月，改諸樂名，中使輔璆琳宣進旨，「旨」一作「止」。令于太常寺刊石，内黄鍾商『婆羅門曲』改爲『霓裳羽衣曲』。」《津陽門詩》注：「葉法善引明皇入月宫，聞樂歸，笛寫其半。會西涼都督楊敬述進《婆羅門》，聲調脗合，遂以月中所聞爲散序，敬述所進爲其腔，製《霓裳羽衣》。」月宫事荒誕，惟西涼進《婆羅門曲》，明皇潤色，又爲易美名，最明白無疑。《異人録》云：「開元六年，上皇與申天師中秋夜同游月中，見一大宫府，榜曰『廣寒清虚之府』，兵衛守門不得入。天師引上皇躍超煙霧中，下視玉城，仙人道士乘雲駕鶴往來其閒，素娥十餘人舞笑于廣庭大樹下，樂音嘈雜清麗。上皇歸，編律成音，製《霓裳羽衣曲》。」《逸史》云：「羅公遠中秋侍明皇宫中翫月，以拄杖向空擲之，化爲銀橋。與帝升橋，寒氣侵人，遂至月宫，女仙數百，素練霓衣，舞于廣庭。上問曲名，曰『霓裳羽衣』。上記其音，歸作《霓裳羽衣曲》。」《鹿革事類》云：「八月望夜，葉法善與明皇游月宫，聆月中天樂，問曲名，曰『紫雲回』，默記其聲，歸傳之，名曰《霓裳羽衣》。」此三家者皆誌明皇游月宫：其一申天師同遊，初不得曲名；其一羅公遠同游，得今曲名；其一葉法善同游，得「紫雲回」曲名易之。雖大同小異，要皆荒誕無可稽。據杜牧之《華清宫》詩：「月聞仙曲調，霓作舞衣裳。」詩家搜奇入句，非決然信之也。又有甚者。

《開元傳信記》云：「帝夢游月宮，聞樂聲，記其曲，名『紫雲回』。」《楊妃外傳》云：「上夢仙子十餘輩，各執樂器，御雲而下。一人曰：『此曲神仙紫雲回，今授陛下。』」《明皇雜録》及《仙傳拾遺》云：「明皇用葉法善術，上元夜自上陽宮往西涼州觀燈，以鐵如意質酒而還。遣使取之，不誣。」《幽怪録》云：「開元正月望夜，帝欲與葉天師觀廣陵。俄虹橋起殿前，師奏『請行，但無回顧』。帝步上，高力士樂官數十從。頃之，到廣陵，士女仰望曰：『仙人現。』師請令樂官奏《霓裳羽衣》一曲，乃回。後廣陵奏：『上元夜，仙人乘雲西來，臨孝感寺，奏《霓裳羽衣曲》而去。』上大悦。」唐人喜言開元、天寶事，而荒誕相淩奪如此，將使誰信之。予以是知其他飾以神怪者皆不足信也。王建詩云：「弟子歌中留一色，聽風聽水作《霓裳》。」歐陽永叔《詩話》，以不曉「聽風聽水」爲恨。蔡絛《詩話》云：「出唐人《西域記》：龜兹國王與臣庶知樂者于大山閒聽風水聲，均節成音。後翻入中國。如《伊州》、《甘州》、《涼州》，皆自龜兹致。」此說近之，但不及《霓裳》。予謂《涼州》定從西涼來，若《伊》與《甘》自龜兹致，而龜兹聽風水造諸曲，皆未可知。王建全章餘亦未見，但「弟子歌中留一色」，恐是指梨園弟子，則何豫于龜兹？置之勿論可也。按《唐史》及唐人諸集、諸家小說，楊太真進見之日奏此曲導之，妃亦善此舞。帝嘗以趙飛燕身輕，成帝爲置七寶避風臺事戲妃「事」一作「偶」。曰：「爾則任吹多少？」妃曰：「《霓裳》一曲，足掩前古。」而宮妓佩七寶瓔珞舞此曲，曲終，珠翠可掃。故詩人云：「貴妃宛轉侍君側，體弱不勝珠翠繁。冬雪飄颻錦袍暖，春風蕩漾霓裳翻。」又云：「朱閣沈沈夜未央，碧雲仙曲舞《霓裳》。一聲玉笛向空盡，月滿驪山宮漏長。」又云：「《霓裳》一曲千峯上，舞破中原始下來。」又云：「漁陽鼙鼓動地來，驚破《霓裳羽衣曲》。」又云：「世人莫重《霓裳曲》，曾致干戈是此中。」又云：「雲雨馬嵬分散後，「分」一作「飛」。驪宮無復聽《霓裳》。」又云：「《霓裳》滿天月，粉骨幾春風。」帝爲太上皇就養南宮，遷于西宮，梨園弟子玉琯發音，聞此曲一聲，則天顏不怡，左右歔欷。其後憲宗時每大宴閒作此舞。文宗時詔太常卿馮定采開元雅樂製雲韶雅樂，及《霓裳羽衣曲》。是時，四方大都邑及士大夫家已多按習，而文宗乃令馮定製舞曲者，疑曲存而舞節非舊，故就加整頓焉。李後主作《昭惠后誄》云：「《霓裳羽衣曲》，經茲喪亂【二】，世罕聞者。獲其舊譜，殘缺頗甚。暇日與后詳定，去彼淫繁，定其缺墜。」按馬令《南唐書·昭惠后傳》載後主《誄》云：「《霓裳》舊曲，韜音淪世。失味齊音，猶傷孔氏。故國遺聲，忍乎湮墜！我稽其美，爾揚其祕，程度餘律，重新雅製。」云云。灼所引似是《誄》後注文，今失傳云。蓋唐末始不全。「始」一作「殆」。《蜀檮杌》稱「三月上巳，王衍宴怡神亭。衍自執板唱《霓裳羽衣》、《後庭花》、《思越人》曲」，決非開元全章。《洞微志》稱：「五代時，齊州章丘北村任六郎愛讀道書，好湯餅，得犯天麥毒疾，多唱異曲。八月望夜，待月私第，六郎執板大譟一曲，有水鳥野雀數百集其舍屋，傾聽自適。曰：『此即昔人《霓裳羽衣》者。』衆請于何得，笑而不答。」既得之邪疾，使此聲果傳，亦未足信。按明皇改《婆羅門》爲《霓裳

【二】經茲喪亂　「經」原作「綿」，據《説郛》宛委山堂本、《學海類編》本、《四庫全書》本改。

羽衣》，屬黃鍾商，云時號越調，即今之越調是也。白樂天《嵩陽觀夜奏霓裳詩》云：「開元遺曲自淒涼，況近秋天調是商。」又知其爲黃鍾商無疑。歐陽永叔云：「人間有《瀛府》、《獻仙音》二曲，此其遺聲。」《瀛府》屬黃鍾宮，《獻仙音》屬小石調，了不相干。永叔知《霓裳羽衣》爲法曲，而《瀛府》、《獻仙音》爲法曲中遺聲。今合兩個宮調作《霓裳羽衣》一曲遺聲，亦太疏矣。《筆談》云：「蒲中逍遥樓楣上有唐人横書，類梵字，相傳是《霓裳譜》，字訓不通，莫知是非。或謂『今燕部有《獻仙音》曲，乃其遺聲』。然《霓裳》本謂之道調曲，《獻仙音》乃小石調爾。」又《嘉祐雜志》云：「同州樂工翻河中黃幡綽《霓裳》譜，鈞容樂工程士守元本作「士守程」，下同，今依錢校。以爲非是，别依法曲造成。教坊伶人花日新見之，題其後云：『法曲雖精，莫近《望瀛》。』」予謂《筆談》知《獻仙曲》非是，乃指爲道調法曲，則無所著見。獨《理道要訣》所載係當時朝旨，可信不誣。《雜志》謂同州樂工翻河中黃幡綽譜，雖不載何宮調，安知非逍遥樓楣上横書耶！今并程士守譜皆不傳。樂天和元微之《霓裳羽衣曲歌》云：「磬簫箏笛遞相攙，擊擫彈吹聲邐迤。」注云：「凡法曲之初，衆樂不齊，惟金石絲竹次第發聲。《霓裳》序初亦復如此。」又云：「散序六奏未動衣，陽臺宿雲慵不飛。中序擘騞初入拍，秋竹竿裂春冰坼。」注云：「散序六遍無拍，故不舞。中序始有拍，亦名拍序。」又云：「繁音急節十二遍，跳珠撼玉何鏗錚。翔鸞舞了卻收翅，唳鶴曲終長引聲。」注云：「《霓裳》十二遍而曲終。凡曲將終，皆聲拍促速，惟《霓裳》之末長引一聲。」《筆談》云：「《霓裳曲》凡十二疊，前六疊無拍，至第七疊方謂之疊遍，自此始有拍而舞。」《筆談》，沈存中撰。沈指《霓裳羽衣》爲道調法曲，則是未嘗見舊譜。今所云豈亦得之樂天乎。世有般涉調《拂霓裳》曲，因石曼卿取作傳，踏述【三】開元、天寶舊事。曼卿云：「本是月宮之音，翻作人間之曲。」近夔帥曾端伯增損其辭，爲勾遣隊口號，亦云「開寶遺音」。蓋二公不知此曲自屬黄鍾商，而《拂霓裳》則般涉調也。宣和初，普府守山東人王平詞學華贍，自言得夷則商《霓裳羽衣譜》，取陳鴻《白樂天長恨歌傳》，并樂天《寄元微之霓裳羽衣曲歌》，又雜取唐人小詩長句及明皇、太真事，終以微之《連昌宮詞》，補綴成曲，刻板流傳。曲十一段【四】，起第四遍、第五遍、第六遍、正攧、入破、虚催、衮、實催、衮、歇拍、殺衮，音律節奏與白氏歌注大異，則知唐曲今世決不復見，亦可恨也。又《唐史》稱：「客有以『按樂圖』示王維者，無題識。維徐曰：『此霓裳第三疊最初拍也。』客未然，引工按曲，乃信。」予嘗笑之。《霓裳》第一至第六疊無拍者，皆散序故也，類音家所行大品，安得有拍。樂圖必作舞女，而《霓裳》散序六疊以無拍，故不舞。又畫師于樂器上或吹或彈，止能畫一個字。諸曲皆有此一字，豈獨《霓裳》。唐孔緯拜官，教坊優伶求利市，緯呼使前，索其笛，指竅問曰：「何者是《浣溪沙》孔籠子？」諸伶大笑。此與畫圖上定曲名何異！「普府」一作「普州」。錢校「晉府」。

《涼州曲》，《唐史》及傳載稱：「天寶樂曲，皆以邊地爲名。若涼州、伊州、甘州之類。

【三】踏述　「踏」，《説郛》宛委山堂本、《四庫全書》本、《學海類編》本作「摭」。

【四】曲十一段　「一」，《説郛》宛委山堂本、《四庫全書》本、《學海類編》本作「二」。

曲遍聲繁名入破【五】。又詔道調法曲與胡部新聲合作。明年安禄山反，涼、伊、甘皆陷土蕃。」史及《開元傳信記》亦云【六】：「西涼州獻此曲。寧王憲曰：『音始于宫，散于商，成于角徵羽。斯曲也，宫離而不屬，商亂而加暴，君卑逼下，臣僭犯上，臣恐一日有播遷之禍。』及安史之亂，世頗思憲審音。」而《楊妃外傳》乃謂：「上皇居南内，夜與妃侍者紅桃歌妃所製《涼州詞》，上因廣其曲。今流傳者益加。」《明皇雜録》亦云：「上初自巴蜀回，夜來乘月登樓，命妃侍者紅桃歌《涼州》，即妃所製。上親御玉笛爲倚曲【七】，曲罷，無不感泣，因廣其曲，傳于人間。」予謂皆非也。《涼州》在天寶時已盛行。上皇巴蜀回，居南内，乃肅宗時，那得始廣此曲。或曰：「因妃所製詞而廣其曲者，亦詞也。」則「流傳者益加」，豈亦詞乎！舊史及諸家小説謂妃善舞，邃曉音律，不稱善製詞。今《妃外傳》及《明皇雜録》所云夸誕無實，獨「帝御玉笛爲倚曲因廣之，流傳人間」，似可信，但非《涼州》耳。《唐史》又云：「其聲本宫調。」今《涼州》見于世者凡七宫曲，曰黄鍾宫、道調宫、無射宫、中吕宫、南吕宫、仙吕宫、高宫，不知西涼所獻何宫也。然七曲中知其三是唐曲，黄鍾、道調、高宫者是也。《脞説》云：「《西涼州》本在正宫，貞元初，康崑崙翻入琵琶玉宸宫調，初進在玉宸殿，故以命名。合衆樂即黄鍾也。」予謂黄鍾即俗呼正宫，崑崙豈能捨正宫外別製黄鍾《涼州》乎！因玉宸殿奏琵琶，就易美名。此樂工夸大之常態，而《脞説》便謂翻入琵琶玉宸宫調。新史雖取其説，止云「康崑崙寓其聲于琵琶，奏于玉宸殿，因號『玉

【五】曲遍聲繁名入破　據《新唐書·禮樂志》、《樂書》等，此七字恐衍。

【六】開元傳信記　據《四庫全書總目提要》，「元」當作「天」。

【七】倚曲　「倚」下原有「樓」字，據《明皇雜録》刪。以下同。

宸宮調』，合諸樂則用黃鍾宮」，得之矣。張祜詩云：「春風南内百花時，道調《涼州》急遍吹。揭手便拈金椀舞，上皇驚笑悖拏兒。」又《幽閒鼓吹》云：「元載子伯和，勢傾中外。福州觀察使寄樂妓數十人，使者半歲不得通，窺伺門下，有琵琶康崑崙出入，乃厚遺求通。伯和一試，盡付崑崙。段和上者，自製道調《涼州》，崑崙求譜，不許，以樂之半爲贈，乃傳。」據張祜詩，上皇時已有此曲，而《幽閒鼓吹》謂段師自製，未知孰是。白樂天《秋夜聽高調涼州詩》云：「樓上金風聲漸緊，月中銀字韻初調。促張弦柱吹高管，一曲涼州入泬寥。」大吕宮，俗呼高宮，其商爲高大石，其羽爲高般涉，所謂高調，乃高宮也。史及《脞説》又云：「涼州有大遍、小遍。」非也。凡大曲有散序、靸、排遍、攧、正攧、入破、虚催、實催、衮、遍、歇指、殺衮，一本「實催」下云「滚、拍、遍、歇、殺滚」。始成一曲，此謂大遍。而《涼州》排遍，予曾見一本，有二十四段。後世就大曲製詞者，類從簡省，而管弦家又不肯從首至尾吹彈，甚者學不能盡。元微之詩云：「逡巡大遍《梁州》徹。」又云：「梁州大遍最豪嘈。」史及《脞説》謂有大遍、小遍【八】，其悮識此乎？

《伊州》見于世者凡七商曲：大石調、高大石調、雙調、小石調、歇指調、「指」一作「拍」。林鍾商、越調，第不知天寶所製七商中何調耳。王建《宮詞》云：「側商調裏唱《伊州》。」林鍾商，今夷則商也，管色譜以凡字殺，若側商即借尺字殺。「即」一作「則」。○案姜夔《琴曲·側商調》序云：「琴七弦散聲，具宮商角徵羽者爲正弄，慢角、清商、宮調、慢宮、黃鍾調是也；加變宮、變徵爲散聲者曰側

【八】史及脞説　「史」字原無，據《説郛》宛委山堂本、《四庫全書》本、《學海類編》本補。

弄，側楚、側蜀、側商是也。側商之調久亡。唐人詩云：『側商調裏唱《伊州》。』予以此語尋之，《伊州》大食調黄鍾律法之商，乃以慢角轉弦取變宫、變徵散聲，此調甚流美也。蓋慢角乃黄鍾之正，側商乃黄鍾之側。它言側者同此。然非三代之聲，乃漢燕樂爾。」據此，則林鍾商當作黄鍾商。又夔《越九歌》内「側商調」，亦註云「黄鍾商」。

《甘州》，世不見，今仙吕調有曲破，有八聲慢，有令，而中吕調有《象甘州八聲》，「象」一作「蒙」。下同。他宫調不見也。凡大曲，就本宫調制引、序、慢、近、令，「制」一作「轉」。蓋度曲者常態。「常」一作「斂」。若《象甘州八聲》即是用其法于中吕調。此例甚廣。僞蜀毛文錫有《甘州遍》，顧敻、李珣有《倒排甘州》，顧敻又有《甘州子》，皆不著宫調。

《胡渭州》，《明皇雜録》云：「開元中，樂工李龜年兄弟三人皆有才學盛名：彭年善舞，鶴年、龜年能歌，製《渭州曲》，特承顧遇，於東都大起第宅，僭侈之制，踰於公侯。」《唐史·吐蕃傳》亦云「奏《涼州》、《胡渭》、《録要》雜曲」，今小石調《胡渭州》是也。然世所行《伊州》、《胡渭州》、《六幺》，皆非大遍全曲。案姜夔《醉吟商》詞序，「胡渭州」作「湖渭州」。

《六幺》，一名「緑腰」，一名「樂世」，一名「録要」。元微之《琵琶歌》云：「《緑腰》散序多攏撚。」又云：「管兒還爲彈《緑腰》，《緑腰》依舊聲迢迢。」又云：「逡巡彈得《六幺》徹，霜刀破竹無殘節。」沈亞之《歌者葉記》云：「合韻奏《緑腰》。」又志盧金蘭墓云：「爲《緑腰》、《玉樹》之舞。」《唐史·吐蕃傳》云：「奏《涼州》、《胡渭》、《録要》雜曲。」段安節《琵琶録》云：「《緑腰》，本《録要》也。樂工進曲，上令録其要者。」白樂天

《楊柳枝》詞云：「《六幺》《水調》家家唱，白雪梅花處處吹。」又《聽歌六絶句》内《樂世》一篇云：「管急弦繁拍漸稠，《緑腰》宛轉曲終頭。誠知《樂世》聲聲樂，老病人聽未免愁。」「人聽」一作「殘軀」。注云：「《樂世》一名《六幺》。」王建《宫詞》云：「琵琶先抹《六幺》頭。」故知唐人以腰作幺者，惟樂天與王建耳。或云：「此曲拍無過六字者，故曰《六幺》，至樂天又獨謂之《樂世》，他書不見也。」《青箱雜記》云：「曲有《録要》者，録《霓裳羽衣曲》之要拍。」《霓裳羽衣曲》乃宫調，與此曲了不相關。士大夫論議嘗患講之未詳，卒然而發，事與理交違。幸有証之者，不過如聚訟耳。若無人攻擊，後世隨以憒憒，或遺禍于天下，樂曲不足道也。《琵琶録》又云：「貞元中，康崑崙琵琶第一手，兩市祈雨鬬聲樂【九】，崑崙登東綵樓，彈新翻羽調《緑腰》，必謂無敵。曲罷西市樓上出一女郎，抱樂器云：『我亦彈此曲。兼移在楓香調中。』下撥聲如雷，絶妙入神。崑崙拜請爲師。女郎更衣出，乃僧善本，俗姓段。」今《六幺》行于世者四：曰黄鍾羽，即俗呼般涉調。曰夾鍾羽，即俗呼中吕調。曰林鍾羽，即俗呼高平調。曰夷則羽，即俗呼仙吕調。皆羽調也。崑崙所謂新翻，今四曲中一類乎？或他羽調乎？是未可知也。段師所謂楓香調，無所著見。今四曲中一類乎？或他調乎？亦未可知也。歐陽永叔云：「貪看《六幺》花十八。」此曲内一疊名「花十八」，前後十八拍，又四花拍，共二十二拍。樂家者流所謂花拍，蓋非其正也。曲節抑揚可喜，舞亦隨之而舞築球。《六幺》至花十八，益奇。

【九】兩市祈雨鬬聲樂　「祈雨」原作「樓抵」，據明抄本、曾慥《類説》所引《琵琶録》等改。

卷四

《蘭陵王》，《北齊史》及《隋唐嘉話》稱：「齊文襄之子長恭封蘭陵王，與周師戰，嘗著假面對敵，擊周師金墉城下，勇冠三軍，武士共歌謡之，曰《蘭陵王入陣曲》。」今越調《蘭陵王》，凡三段二十四拍，或曰遺聲也。此曲聲犯正宮，管色用大凡字、大一字、勾字，故亦名大犯。又有大石調《蘭陵王慢》，殊非舊曲。周、齊之際，未有前後十六拍慢曲子耳。

《虞美人》，《脞説》稱起于項籍「虞兮」之歌。予謂後世以此命名可也，曲起于當時非也。曾子宣夫人魏氏作《虞美人草行》，有云：「三軍散盡旌旗倒，玉帳佳人坐中老。香魂夜逐劍光飛，青血化爲原上草。芳菲寂寞寄寒枝，「菲」一作「心」。舊曲聞來似斂眉。」又云：「當時遺事久成空，慷慨尊前爲誰舞？」亦有就曲誌其事者，世以爲工，其詞云：「帳前草草軍情變，月下旌旗亂。褫衣推枕愴離情，遠風吹下楚歌聲，正三更。撫騅欲上重相顧，豔態花無主。手中蓮鍔凜秋霜，九泉歸去是仙鄉，恨茫茫。」黄載萬追和之，壓倒前輩矣。其詞云：「世閒離恨何時了，不爲英雄少。楚歌聲起伯圖休，一似□□□□□水東流。案錢校本「霸圖休」下元缺九字，別本有「一似水東流」五字。今依詞譜，「一似」下仍空四字，庶與調合，更俟善本校補。　葛荒葵老蕪城暮，一本云「蔓葛荒葵城隴暮」，平仄與調不合，似誤。　玉貌知何處。　至今芳草解婆娑，只有當年魂魄未消磨。」「年」一作「時」。　按《益州草木記》：「雅州名山縣出虞美人草，如雞冠花，葉兩兩相對，爲唱《虞美人》曲，應拍而舞，他曲則否。」《賈氏談録》：「褒斜山谷中有虞美人草，狀如雞冠，大葉相對。　或唱《虞美人》，則兩葉如人拊掌之狀，頗中節拍。」《酉陽雜俎》云：「舞草出雅州，獨莖三葉，葉如決明，一葉在莖之端【一】，兩葉居莖之半，相對。　人或近之歌及抵掌謳曲，葉動如舞。」《益部方物圖贊》改「虞」作「娛」，云「今世所傳《虞美人》曲，下音俚調，非楚虞姬作。　意其草纖柔，爲歌氣所動，故其莖至小者或若動摇，美人以爲娛耳。」《筆談》云：「高郵桑景舒，性知音。　舊聞虞美人草遇人唱《虞美人》曲，枝葉皆動，他曲不然。　試之，如所傳。　詳其曲，皆吴音也。　他日取琴，試用吴音製一曲，對草鼓之，枝葉亦動。　乃目曰《虞美人操》。　其聲調與舊曲始末不相近，而草輒應之者，律法同管也。　今盛行江湖閒，人亦莫知其如何爲吴音。」《東齋記事》云：「虞美人草，唱他曲亦動，傳者過矣。」予攷六家説，各有異同。《方物圖贊》最穿鑿，無所稽據。　舊曲固非虞姬作，若便謂下音俚調，嘻其甚矣。　亦聞蜀中數處有此草，予皆未之見，恐種族異則所感歌亦異。　然舊曲三：　其一屬中吕調，其一中吕宫，近世轉入黄鍾宫。　此草應拍而舞，應舊曲乎？　新曲乎？　桑氏吴音合舊曲乎？　新曲乎？　恨無可問者，又不知吴草與蜀産有無同類也。一本云「有異同否耶」。

【一】莖之端　「之」字原無，據《説郛》宛委山堂本、《四庫全書》本、《學海類編》本補。

《安公子》，《通典》及《樂府雜録》稱：「煬帝將幸江都。樂工王令言者，妙達音律。其子彈胡琵琶，作《安公子》曲。令言驚問那得此，對曰：『宫中新翻。』令言流涕曰：『慎毋從行。宫，君也，宫聲往而不返，大駕不復回矣。』」據《理道要訣》，唐時《安公子》在太簇角，今已不傳。其見于世者，中吕調有近，般涉調有令，然尾聲皆無所歸宿，亦異矣。

《水調歌》，《理道要訣》所載唐樂曲南吕商，時號「水調」。予數見唐人説水調，各有不同，予因疑水調非曲名，乃俗呼音調之異名，今決矣。按《隋唐嘉話》「煬帝鑿汴河，自製水調歌」，即是水調中製歌也。一本云「非水調中製歌也」。世以今曲《水調歌》爲煬帝自製。今曲迺中吕調，而唐所謂南吕商，則今俗呼中管林鍾商也。《脞説》云：「水調《河傳》，煬帝將幸江都時所製，聲韻悲切。帝喜之。樂工王令言謂其弟子曰：『不返矣。水調《河傳》但有去聲。』」此説與《安公子》事相類，蓋水調中《河傳》也。《明皇雜録》云：「禄山犯順，「順」一作「闕」。議欲遷幸。帝置酒樓上，命作樂。有進《水調歌》者，曰：『山川滿目淚沾衣，富貴榮華能幾時。不見只今汾水上，惟有年年秋雁飛。』上問誰爲此曲，曰『李嶠』。上曰：『真才子。』不終飲而罷。」此水調中一句七字曲也。白樂天《聽水調》詩云：「五言一遍最殷勤，調少情多似有因。不會當時翻曲意，此聲腸斷爲何人？」《脞説》亦云：「水調第五遍五言，調聲最愁苦。」此水調中一句五字曲；又有多遍，似是大曲也。樂天詩又云：「時唱一聲新水調，謾人道是採菱歌。」此水調中新腔也。《南唐近事》

云：「元宗留心内寵，宴私擊鞠無虛日。嘗命樂工楊花飛奏水調詞進酒，花飛惟唱『南朝天子好風流』一句，如是數四。上悟，覆栝賜金帛。」此又一句七字。然既曰命奏水調詞，則是令楊花飛水調中撰詞也。《外史檮杌》云：「王衍泛舟巡閬中，舟子皆衣錦繡。自製水調《銀漢曲》。」「自製」上一有「偶」字。此水調中製《銀漢曲》也。今世所唱中呂調《水調歌》，迺是以俗呼音調異名者名曲，雖首尾亦各有五言兩句，決非樂天所聞之曲。

《河傳》【二】，唐詞存者二：其一屬南呂宮，凡前段平韻後仄韻。其一乃今《怨王孫》曲，屬無射宮。以此知煬帝所製《河傳》，不傳已久。然歐陽永叔所集詞内，《河傳》附越調，亦《怨王孫》曲。今世《河傳》乃仙呂調，皆令也。

《萬歲樂》，《唐史》云：「明皇分樂爲二部：堂下立奏謂之『立部伎』，堂上坐奏謂之『坐部伎』。坐部伎六曲，而《鳥歌萬歲樂》居其四。《鳥歌》者，武后作也，有鳥能人言『萬歲』，因以製樂。」《通典》云：「《鳥歌萬歲樂》，武太后所造。時宮中養鳥，能人言，嘗稱『萬歲』。爲樂以象之，舞三人，衣緋，大袖，竝畫鸜鵒，冠作鳥象。」又云：「今嶺南有鳥似鸜鵒，能言，名吉了。」音「料」。異哉！武后也，其爲昭儀至簒奪，殺一后一妃，而殺王侯將相、中外士大夫不可勝計，凶忍之極。又殺諸武，僅有免者。又最甚則親生四子殺其二，廢徙其一，獨睿宗危得脱。視他人性命如糞草。至聞鳥歌「萬歲」，乃欲集慶厥躬，改年號「永昌」。又因二齒生，改號「長壽」，又號「延載」，又號「天册萬歲」，又號「萬歲通

【二】河傳　此段原連上段，據《説郛》涵芬樓本分。

天」，又號「長安」，自昔紀號祈祝，未有如后之甚者。在衆人則欲速死，在一身則欲長久，「一身」一作「己身」。世無是理也。按《理道要訣》，唐時太簇商樂曲有《萬歲樂》，或曰即《鳥歌萬歲樂》也。又《舊唐史》，元和八年十月，汴州劉弘撰《聖朝萬歲樂譜》三百首以進【三】。今黄鍾宫亦有《萬歲樂》，不知起前曲或後曲。

《夜半樂》，《唐史》云：「民間以明皇自潞州還京師，夜半舉兵誅韋皇后，製《夜半樂》、《還京樂》二曲。」《樂府雜録》云：「明皇自潞州入平内難，半夜斬長樂門關，領兵入宫。後撰《夜半樂》曲。」今黄鍾宫有《三臺夜半樂》，中吕調，有慢，有近拍，有序，不知何者爲正。

《何滿子》，白樂天詩云：「世傳滿子是人名，臨就刑時曲始成。一曲四詞歌八疊，從頭便是斷腸聲。」自注云：「開元中滄州歌者姓名，臨刑，進此曲以贖死，上竟不免。」元微之《何滿子歌》云：「何滿能歌聲宛轉，天寶年中世稱罕。嬰刑繫在囹圄閒，下調哀音歌憤懣。梨園弟子奏玄宗，一唱承恩羈網緩。便將《何滿》爲曲名，御府親題樂府纂。」甚矣！帝王不可妄有嗜好也。明皇喜音律，而罪人遂欲進曲贖死。然元、白平生交友，聞見率同，獨紀此事少異。《盧氏雜説》云：「甘露事後，文宗便殿觀牡丹，誦舒元輿《牡丹賦》，歎息泣下，命樂適情，宫人沈翹翹舞《何滿子》，詞云『浮雲蔽白日』。上曰：『汝知書耶！』乃賜金臂環。」又薛逢《何滿子》詞云：「繫馬宫槐老，持杯店菊黄。故交今不見，

【三】汴州劉弘　「弘」原作「宏」，避諱改，據《説郛》宛委山堂本、《四庫全書》本、《舊唐書》卷十五回改。

流恨滿川光。」五字四句，樂天所謂一曲四詞，庶幾是也。歌八疊，疑有和聲，如《漁父》、《小秦王》之類。今詞屬雙調，兩段，各六句，内五句各六字，一句七字。五代時尹鶚、李珣亦同此。其他諸公所作往往只一段，而六句各六字，皆無復有五字者。字句既異，即知非舊曲。《樂府雜録》云：「靈武刺史李靈曜置酒，坐客姓駱，唱《何滿子》，皆稱妙絶。白秀才者曰：『家有聲妓歌此曲，音調不同。』召至令歌，發聲清越，殆非常音。駱遽問曰：『莫是宫中胡二子否？』妓熟視曰：『君豈梨園駱供奉邪？』相對泣下，皆明皇時人也。」張祜作《孟才人歎》云：「偶因歌態詠嬌嚬，傳唱宫中十二春。卻爲一聲《何滿子》，下泉須弔孟才人。」其序稱「武宗疾篤，孟才人以歌笙獲寵者密侍左右。上目之曰：『吾當不諱，爾何爲哉？』指笙囊泣曰：『請以此就縊。』上憫然。復曰：『妾嘗藝歌，願對上歌一曲，以泄憤。』許之，乃歌一聲《何滿子》，氣亟立殞。上令醫候之，曰：『脈尚温而腸已絶。』」一云「肌尚温而腸已斷」。上崩，將徙柩，舉之愈重。議者曰：『非俟才人乎？』命其櫬至，乃舉。」僞蜀孫光憲《何滿子》一章云：「冠劍不隨君去，江河還共恩深。」似爲孟才人發。祜又有《宫詞》云：「故國三千里，深宫二十年。一聲《何滿子》，雙淚落君前。」其詳不可得而聞也。

《淩波神》，《開元天寶遺事》云：「帝在東都，夢一女子，高髻廣裳，拜而言曰：『妾淩波池中龍女，久護宫苑。陛下知音，乞賜一曲。』帝爲作《淩波曲》，奏之池上，神出波閒。」《楊妃外傳》云：「上夢豔女，梳交心髻，大袖寬衣，曰：『妾是陛下凌波池中龍女，衛宮護駕實有功。陛下洞曉鈞天之音，乞賜一曲。』夢中爲鼓胡琴，作《凌波曲》。後于凌波池奏新曲，池中波濤湧起，有神女出池心，乃夢中所見女子。因立廟池上，歲祀之。」《明皇雜録》云：「女伶謝阿蠻善舞《凌波曲》，出入宮中及諸姨宅，妃子待之甚厚，賜以金粟妝臂環。」按《理道要訣》，天寶諸樂曲名有《凌波神》二曲。其一在林鍾宮，云「時號道調宮」。然今之林鍾宮，即時號南吕宮，而道調宮即古之仲吕宮也。其一在南吕商，云「時號水調」。今南吕商則俗呼中管林鍾商也。皆不傳。予問諸樂工，云：「舊見《凌波曲譜》，不記何宮調也。世傳用之歌吹，能招來鬼神，因是久廢。」豈以龍女見形之故，相承爲能招來鬼神乎？

《荔枝香》，《唐史・禮樂志》云：「帝幸驪山，楊貴妃生日，命小部張樂長生殿，奏新曲，未有名。會南方進荔枝，因名曰《荔枝香》。」《脞説》云：「太真妃好食荔枝，每歲忠州置急遞上進，五日至都。天寶四年夏，荔枝滋甚，比開籠時，香滿一室。供奉李龜年撰此曲進之，宣賜甚厚。」《楊妃外傳》云：「明皇在驪山，命小部音聲於長生殿奏新曲，「音聲」一作「張樂」。未有名。會南海進荔枝，因名《荔枝香》。」三説雖小異，要是明皇時曲。然史及《楊妃外傳》皆謂帝在驪山。故杜牧之《華清絶句》云：「長安回望繡成堆，山頂千門次第開。一騎紅塵妃子笑，無人知道荔枝來。」《遯齋閒覽》非之曰：「明皇每歲十月幸驪山，至春乃還，未嘗用六月。詞意雖美，「美」一作「好」。而失事實。」予觀小杜《華清》長篇，又有「塵埃羯鼓索，片段荔枝筐」之語。其後歐陽永叔詞亦云：「一從魂散馬嵬閒，只有紅塵無驛使，滿眼驪山。」《唐史》既出永叔，宜此詞亦爾也。今歇指、大石兩調，「歇指」一作「歇拍」。皆有近拍，不知何者爲本曲。

《阿濫堆》【四】，《中朝故事》云：「驪山多飛禽，名『阿濫堆』。明皇御玉笛，採其聲，翻爲曲子名。左右皆傳唱之，播于遠近，人競以笛效吹。故張祜詩云：『紅樹蕭蕭閣半開，玉皇曾幸此宮來。「宮」一作「閒」。至今風俗驪山下，村笛猶吹《阿濫堆》』。」賀方回《朝天子》曲云：「待月上，潮平波灩灩，塞管孤吹新《阿濫》。」即謂《阿濫堆》。江湖閒尚有此聲，予未之聞也。嘗以問老樂工，云：「屬夾鍾商。」按《理道要訣》天寶諸樂名，「堆」作「䭔」，屬黃鍾羽。夾鍾商俗呼雙調，而黃鍾羽則俗呼般涉調。然《理道要訣》稱黃鍾羽「時號黃鍾商調」，皆不可曉也。

【四】阿濫堆　「阿」，《説郛》宛委山堂本、《四庫全書》本作「河」。

卷五

《念奴嬌》，元微之《連昌宫詞》云：「初過寒食一百六，店舍無煙宫樹緑。夜半月高弦索鳴，賀老琵琶定場屋。力士傳呼覓念奴，念奴潛伴諸郎宿。須臾覓得又連催，特敕街中許然燭。春嬌滿眼淚紅綃，掠削雲鬟旋裝束。飛上九天歌一聲，二十五郎吹管逐。」自注云：「念奴，天寶中名倡，善歌。每歲樓下酺宴，萬衆喧溢，嚴安之、韋黄裳輩闢易不能禁，衆樂爲之罷奏。明皇遣高力士大呼樓上曰：『欲遣念奴唱歌，邠二十五郎吹小管逐。「邠」，元本作「仰」，今從《元氏長慶集》校改。看人能聽否。』皆悄然奉詔。然明皇不欲奪俠游之盛，未嘗置在宫禁，歲幸温湯，時巡東洛，有司潛遣從行而已。」《開元天寶遺事》云：「念奴有色善歌，宫伎中第一。帝嘗曰：『此女眼色媚人。』」又云：「念奴每執板當席，聲出朝霞之上。」今大石調《念奴嬌》，世以爲天寶閒所製曲。予固疑之。然唐中葉漸有今體慢曲子，而近世有填《連昌詞》入此曲者，後復轉此曲入道調宫，又轉入高宫、大石調。

《雨淋鈴》，《明皇雜録》及《楊妃外傳》云：「帝幸蜀，初入斜谷，霖雨彌旬，「旬」一作「日」。棧道中聞鈴聲。帝方悼念貴妃，採其聲爲《雨淋鈴》曲以寄恨。時梨園弟子惟張野狐一人，善篳篥，「篳」一作「觱」。因吹之，遂傳于世。」予考史及諸家説，明皇自陳倉入散關、出河池，初不由斜谷路。今劍州梓桐縣地名上亭有古今詩刻，記明皇聞鈴之地，庶幾是也。羅隱詩云：「細雨霏微宿上亭，雨中因感雨淋鈴。貴爲天子猶魂斷，窮著荷衣好涕零。劍水多端何處去？巴猿無賴不堪聽。少年辛苦今飄蕩，空媿先生教聚螢。」「空」一作「深」。世傳明皇宿上亭，雨中聞牛鐸聲，悵然而起，問黄幡綽鈴作何語，曰：「謂陛下特郎當。」特郎當，俗稱「不整治」也。明皇一笑，遂作此曲。《楊妃外傳》又載：「上皇還京後，復幸華清，從官嬪御多非舊人，於望京樓下命張野狐奏《雨淋鈴》曲，上四顧悽然。自是聖懷耿耿，但吟『刻木牽絲作老翁，雞皮鶴髮與真同。須臾弄罷寂無事，還似人生一世中。』」杜牧之詩云：「零葉翻紅萬樹霜，玉蓮開蘂煖泉香。行雲不下朝元閣，一曲《淋鈴》淚數行。」張祜詩云：「雨淋鈴夜卻歸秦，猶是張徽一曲新。長説上皇和淚教，月明南内更無人。」張徽即張野狐也。或謂祜詩言上皇出蜀時曲，與《明皇雜録》、《楊妃外傳》不同。祜意明皇入蜀時作此曲，至雨淋鈴夜卻又歸秦，猶是張野狐向來新曲，非異説也。元微之《琵琶歌》云：「淚垂捍撥朱弦濕，冰泉嗚咽流鶯澀。因茲彈作《雨淋鈴》，風雨蕭條鬼神泣。」今雙調《雨淋鈴慢》，頗極哀怨，真本曲遺聲。

《清平樂》，《松窗録》云：「開元中，禁中初重木芍藥，得四本，紅、紫、淺紅、通白，繁開。上乘照夜白，太真妃以步輦從。李龜年手捧檀板押衆樂前，將欲歌之，上曰：『焉用舊詞爲。』命龜年宣翰林學士李白，立進清平調詞三章。白承詔賦詞，龜年以進，上命梨園弟子約格調、撫絲竹，促龜年歌。太真妃笑領歌意甚厚。」張君房《脞説》指此爲《清平樂》曲。按明皇宣白進清平調詞，乃是令白于清平調中製詞。蓋古樂取聲律高下，合爲三，曰清調、平調、側調，此之謂三調。明皇止令就擇上兩調，偶不樂側調故也。況白詞七字絶句，與今曲不類，而《尊前集》亦載此三絶句，止目曰「清平詞」，然唐人不深攷，妄指此三絶句耳。此曲在越調，唐至今盛行。今世又有黄鍾宫、黄鍾商兩音者，歐陽炯稱白「有應制《清平樂》四首」，往往是也。

《春光好》，《羯鼓録》云：「明皇尤愛羯鼓、玉笛，云：『八音之領袖。』時春雨始晴，景色明麗，帝曰：『對此豈可不與他判斷！』命取羯鼓，臨軒縱擊，曲名《春光好》，回顧柳杏，皆已微坼。上曰：『此一事，不唤我作天工，可乎？』」今夾鍾宫《春光好》，唐以來多有此曲。或曰：「夾鍾宫屬二月之律。明皇依月用律，故能判斷如神。」予曰：「二月柳杏坼久矣。此必正月，用二月律催之也。」《春光好》，近世或易名《愁倚闌》。

《菩薩蠻》，《南部新書》及《杜陽編》云：「大中初，女蠻國入貢，危髻金冠，纓絡被體，號『菩薩蠻隊』，遂製此曲。當時倡優李可及作菩薩蠻隊舞，文士亦往往聲其詞。」大中迺宣宗紀號也。《北夢瑣言》云：「宣宗愛唱《菩薩蠻》詞，令狐相國假温飛卿新撰密進之，戒以勿泄，而遽言於人，由是疎之。」温詞十四首，載《花閒集》，今曲是也。李可及所製蓋止此，則其舞隊不過如近世傳踏之類耳【一】。

【一】傳踏之類耳　「傳」，《説郛》宛委山堂本、《四庫全書》本作「博」。

《望江南》，《樂府雜録》云：「李衛公爲亡妓謝秋娘撰《望江南》，亦名《夢江南》。」白樂天作《憶江南》三首，第一「江南好」，第二、第三「江南憶」。自注云：「此曲亦名《謝秋娘》，每首五句。」予考此曲自唐至今皆南吕宮，字句亦同，止是今曲兩段，蓋近世曲子無單遍者。然衛公爲謝秋娘作此曲已出兩名。樂天又名以「憶江南」，又名以「謝秋娘」。近世又取樂天首句，名以「江南好」。予嘗歎世閒有改易錯亂悮人者是也。

《文漵子》，《盧氏雜説》云：「文宗善吹小管。僧文漵爲入内大德，得罪流之。弟子收拾院中籍入家具，猶作師講聲。上採其聲製曲，曰《文漵子》。」予考《資治通鑑》，敬宗寶歷二年六月己卯，「幸興福寺，觀沙門文漵俗講。」敬、文相繼，年祀極近，豈有二文漵哉？至所謂俗講，則不可曉意【二】。此僧以俗談侮聖言，誘聚羣小，至使人主臨觀，爲一笑之樂，死尚晚也。今黄鍾宮、大石調、林鍾商、歇指調，「指」一作「拍」。皆有十拍令，未知孰是，而「漵」字或悮作「序」并「緒」。

《鹽角兒》，《嘉祐雜誌》云：「梅聖俞説：始教坊家人市鹽，於紙角中得一曲譜，翻之，遂以名。」今雙調《鹽角兒令》是也。歐陽永叔嘗製詞。

《喝馱子》，《洞微志》云：「屯田員外郎馮敢景德三年爲開封府界檢澇户田，「界」一作「丞」。宿史胡店。日落，忽見三婦人過店前，入西畔古佛堂。敢料其鬼也，攜僕王侃詣之。延坐飲酒，稱二十六舅母者請王侃歌送酒，三女側聽。十四姨者曰：『何名也？』侃

【二】則不可曉意　「可曉意」，《説郛》宛委山堂本、《四庫全書》本作「曉其意」。

對曰：『喝馱子。』十四姨曰：『非也。此曲單州營妓教頭葛大姊所撰新聲。梁祖作四鎮時，駐兵魚臺。值十月二十一生日，大姊獻之。梁祖令李振填詞，付後騎唱之，以押馬隊，因謂之《葛大姊》。及戰，得勝回，始流傳。河北軍中競唱，俗以押馬隊，故訛曰《喝馱子》。莊皇入洛亦愛此曲，謂左右曰：「此亦古曲，葛氏但更五七聲耳。」』」李珣《瓊瑤集》有《鳳臺》一曲，注云：「俗謂之《喝馱子》。」不載何宮調。今世道調宮有慢，句讀與古不類耳。

《後庭花》，《南史》云：「陳後主每引賓客對張貴妃等游宴，使諸貴人及女學士與狎客共賦新詩相贈答，采其尤麗者一云「采其尤豔麗者」。爲曲調，其曲有《玉樹後庭花》。」《通典》云：「《玉樹後庭花》、《堂堂》、《黃鸝留》、《金釵兩臂垂》，竝陳後主造，恆與宮女學士及朝臣相唱和爲詩。太樂令何胥一本「太樂令」上有「時」字。採其尤輕豔者爲此曲。」予因知後主詩胥以配聲律，遂取一句爲曲名。故前輩詩云：「《玉樹》歌翻王氣終。「翻」一作「殘」。景陽鐘動曉樓空。」又云：「《後庭花》一曲，幽怨不堪聽。」又云：「萬户千門成野草，只緣一曲《後庭花》。」又云：「綵牋曾襞欺江總，綺閣塵銷《玉樹》空。」又云：「商女不知亡國恨，隔江猶唱《後庭花》。」又云：「《玉樹》歌闌海雲黑，花庭忽作青蕪國。」又云：「《後庭》餘唱落船窗。」又云：「《後庭》新聲歎樵牧。」「歎」一作「笑」。又云：「不知即入宮前井，猶自聽吹《玉樹花》。」吳蜀雞冠花有一種小者，高不過五六尺，「尺」一作「寸」。或紅，或淺紅，或白，或淺白，世目曰「後庭花」。又按《國史纂異》，「雲陽縣多漢離宮故地，有樹似槐而葉細，土人謂之玉樹。揚雄《甘泉賦》『玉樹青葱』，左思以爲假稱珍怪者，實非也，似之而已。」予謂雲陽既有玉樹，即《甘泉賦》中未必假稱。陳後主《玉樹後庭花》，或者疑是兩曲，謂詩家或稱「玉樹」，或稱「後庭花」，少有連稱者。僞蜀時，孫光憲、毛熙震、李珣有《後庭花曲》，皆賦後主故事，不著宮調，兩段各四句，似令也。今曲在，兩段各六句，亦令也。

《西河長命女》，崔元範自越州幕府拜侍御史，李訥尚書餞於鑑湖，命盛小叢歌，坐客各賦詩送之，有云：「爲公唱作西河調，日暮偏傷去住人。」《理道要訣》：「《長命女西河》，在林鍾羽，時號平調。」今俗呼高平調也。《脞説》云：「張紅紅者，大歷初隨父歌丐食，過將軍韋青所居，青納爲姬，自傳其藝，穎悟絶倫。有樂工取古《西河長命女》，加減節奏，頗有新聲。未進閒，先歌於青。青令紅紅潛聽，以小豆數合記其拍，紿云：『女弟子久歌此，非新曲也。』隔屏奏之，一聲不失。樂工大驚，請與相見，歎伏不已。兼云：『有一聲不穩，今已正矣。』尋達上聽，召入宜春院，寵澤隆異，宮中號『記曲小娘子』，尋爲才人。」按此曲起開元以前，大歷閒樂工加減節奏，紅紅又正一聲而已。《花閒集》和凝有《長命女》曲，僞蜀李珣《瓊瑶集》亦有之【三】，句讀各異。然皆今曲子，不知孰爲古製林鍾羽并大歷加減者。近世有《長命女令》，前七拍，後九拍，屬仙呂調，宮調句讀竝非舊曲。

【三】僞蜀李珣　「蜀」原作「屬」，據明抄本、《説郛》宛委山堂本、《學海類編》本、《説郛》涵芬樓本、《四庫全書》本改。

又別出大石調《西河慢》，聲犯正平，極奇古。蓋《西河長命女》本林鍾羽，而近世所分二曲在仙呂、正平兩調，亦羽調也。

《楊柳枝》，《鑑戒録》云：「《柳枝歌》，亡隋之曲也。」前輩詩云：「萬里長江一旦開，岸邊楊柳幾千栽。錦帆未落干戈起，惆悵龍舟更不回。」又云：「樂苑隋堤事已空，「樂苑」，《鑑戒録》作「梁苑」。萬條猶舞舊春風。」皆指汴渠事。而張祜《折楊柳枝》兩絶句，其一云：「莫折宫前楊柳枝，玄宗曾向笛中吹。「玄宗」一作「當時」。傷心日暮烟霞起，無限春愁生翠眉。」則知隋有此曲，傳至開元。《樂府雜録》云：「白傅作《楊柳枝》。」予考樂天晚年與劉夢得唱和此曲詞。白云：「古歌舊曲君休聽，聽取新翻《楊柳枝》。」又作《楊柳枝》二十韻，云：「樂童翻怨調，才子與妍詞。」注云：「洛下新聲也。」劉夢得亦云：「請君莫奏前朝曲，聽唱新翻《楊柳枝》。」蓋後來始變新聲。而所謂樂天作《楊柳枝》者，稱其別創詞也。今黄鍾商有《楊柳枝》曲，仍是七字四句詩，與劉、白及五代諸子所製竝同，但每句下各增三字一句，此乃唐時和聲，如《竹枝》、《漁父》，今皆有和聲也。舊詞多側字起頭，平字起頭者十之一二。今詞盡皆側字起頭。第三句亦復側字起，聲度差穩耳。

《麥秀兩岐》，《文酒清話》云：「唐封舜臣，性輕佻。德宗時使湖南，道經金州，守張樂燕之，執盃索《麥秀兩岐》曲，樂工不能。封謂樂工曰：『汝山民，亦合聞大朝音律？』守爲杖樂工。復行酒，封又索此曲。樂工前乞侍郎舉一遍。封爲唱徹，衆已盡記，於是終席動此曲。封既行，守密寫曲譜，言封燕席事，郵筒中送與潭州牧。封至潭，牧亦張樂燕之，倡優作襤褸數婦人，抱男女筐筥，歌《麥秀兩岐》之曲，敘其拾麥勤苦之由。封面如死灰，歸過金州，不復言矣。」今世所傳《麥秀兩岐令【四】》，在黄鍾宫。唐《尊前集》載和凝一曲，與今曲不類。

【四】麥秀兩岐令　「令」原作「今」，據明抄本改。

圖書在版編目(CIP)數據

全宋筆記. 第四編. 二/上海师范大学古籍整理研究所編. —鄭州:大象出版社,2008. 9
ISBN 978 - 7 - 5347 - 5008 - 3

Ⅰ. 全…　Ⅱ. 上…　Ⅲ. 筆記—中國—宋代—選集　Ⅳ. Z429. 44

中國版本圖書館 CIP 數據核字(2008)第 025201 號

全宋筆記　第四編　二

特約編輯　陳　新
責任編輯　郭一凡
整體設計　張　勝
出版發行　大象出版社
　　　　　鄭州市經七路25號(450002)
製　　版　上海杰申電腦排版有限公司
印　　刷　河南第一新華印刷廠
版　　次　2008年9月第1版第1次印刷
開　　本　640×960　1/16　13.75印張
字　　數　147千字
印　　數　800册
定　　價　49.00元